AF501438

UN
SERMON POLITIQUE

REPRODUCTION STÉNOGRAPHIQUE

Sine virtute et justitia nihil stabit.

PARIS

EN VENTE CHEZ TOUS LES LIBRAIRES

DÉPOT PRINCIPAL

CHEZ M. DERVAUX FILS, LIBRAIRE

32, RUE D'ANGOULÊME-DU-TEMPLE, 32

1877

UN

SERMON POLITIQUE

UN

SERMON POLITIQUE

REPRODUCTION STÉNOGRAPHIQUE

Sine virtute et justitia nihil stabit.

PARIS

EN VENTE CHEZ TOUS LES LIBRAIRES

DÉPOT PRINCIPAL

CHEZ M. DERVAUX FILS, LIBRAIRE

32, RUE D'ANGOULÊME-DU-TEMPLE, 32

1877

UN

SERMON POLITIQUE

SOMMAIRE :

Avant-propos.

I

Répudiation de la République. Pourquoi le respect lui est dû. — En 1789 et après. Avant. Misère d'un côté; abus de l'autre.

II

De la mutabilité universelle. Il faut la favoriser plutôt qu'y faire obstacle. — Du progrès en général : Progrès corporels, intellectuels, politiques. Il n'est pas plus sensé ni moins dangereux de s'opposer aux uns qu'aux autres. — Des révolutions. Quelles en sont les causes. Quel en est le but. Leçons infructueuses, sans cesse renouvelées. — Révolutionnaires. Qui l'est le plus. Qui l'est moins qu'on ne pense. Qui l'est sans s'en douter.

Qui ne l'est pas un peu? Comment nous le sommes tous. — Révolution, œuvre du gouvernement. A quoi l'on reconnaît qu'une révolution est proche. Quel arbre il faut couper et jeter au feu. — Entre ceux qui prétendaient restaurer un pouvoir menaçant ruine, et ceux qui le voulaient supprimer. Obligation dans laquelle on se trouve, de reconnaître l'utilité de la révolution. — Il était temps! Répression des abus. Pourquoi nous devons nous montrer reconnaissants. Qui faut-il accuser? Le *non possumus* et le *veto*. Où cela conduit. Pourquoi s'opposer à de nouvelles réformes quand chacun se trouve bien de toutes celles obtenues? — Le droit finit toujours par s'imposer. A bas la camisole. Appel à l'étranger. Belle réception. Ingratitude.

III

1848. Hurrah! Le programme politique. Abolition de l'esclavage. Fête anniversaire des nègres. Les deux drapeaux. Ce qu'il nous reste à faire. — Les monteurs de coups... d'Etat. Les articles 48, 68 et 109. Voyez et jugez. Ce qu'il serait advenu.

IV

Situation. Fautes populaires. La République n'existait plus que de nom. Mesures prises pour la faire revivre. Autres mesures prises pour l'achever. Langueur. Persécution publique. Le 2 décembre. *Tout est* gagné *fors l'honneur.*

V

Coup d'œil rétrospectif. La plus grande faute. Y eut-il complicité? La confirmation sans l'absolution. — Distinguons. Attitude du clergé. Est-ce que Providence y remplit un rôle? Non! Empereur et prélats : Entrevues. On ne s'égratigne pas. — En route pour la Guyane et l'Algérie. Ce que sont devenus les proscrits. Applaudissez monseigneur. Erreur ou vérité. Choisissez. Ça va bien... Alleluia. Rouges... et rose. Tous les électeurs sont intelligents. Soit! mais pourquoi le leur dire?

VI

Ignorant ou complice. A chacun sa part de responsabilité. Le pouvoir est entre nos mains, sachons l'exercer. Comme nous surveillons nos ouvriers, surveillons nos législateurs. Abus du mandat. — La politique est une science qu'il nous serait facile d'acquérir. Nul n'a le droit de nous en interdire l'étude. Vive la lumière! Il n'est pas difficile de bien gouverner. — Preuves à l'appui. — L'opposition véritable. — Nous marchons quand même. Facultés physiques. — Facultés intellectuelles. La dette publique. La liquidation. Vaine tentative d'ajournement. L'expiation. Les deux méthodes d'instruction politique.

VII

Le faux motif. Régimes comparés. Le vrai motif. Route de Sedan. De l'argent! de l'argent!

AVANT-PROPOS

Par une belle matinée du mois de septembre de l'*an de grâce* 1870, je m'échappai de mon domicile aussitôt après déjeuner, mû, guidé par un double sentiment patriotique d'inquiétude et de curiosité.

En m'éveillant, ce jour-là, j'avais formé la résolution d'aller quérir à la ville voisine de fraîches nouvelles touchant nos opérations militaires. J'étais alors dans une profonde anxiété qui, née d'événements récents, s'augmentait encore par la raison que les journaux de Paris n'étaient pas parvenus la veille dans ma localité.

*
* *

Dans le but que je viens de dire, je partis donc du petit hameau de Verval, me dirigeant en toute hâte vers... le Nord.

Il était en ce moment huit heures.

*
* *

Une heure plus tard, je saluai Bouflemont en passant... Juste une heure plus tard, en effet, si nous en croyons cette vieille radoteuse, Marie-Adélaïde-Charlotte...

Pendant que je traversais *pas accéléré* la place publique de Bouflemont, cette vieille filleule d'un ancien marquis jetait, par les créneaux de sa demeure pointue, les neuf heures de son horloge.

*
* *

A la sortie de ce village, j'eus le plaisir d'expédier de vive voix mes civilités *empressées* à un intime ami qui, en ce moment, à une portée de revolver de la voie publique, piquait une tête au-dessus du mur de son jardin.

*
* *

Peu après, je franchissais à tire-d'aile la plaine, dite des Sables, en suivant le chemin tortueux qui lui emprunte ce nom et se marie un peu plus loin avec la route de Fresnus à Mellentum.

*
* *

Cette démarche, pour la centième fois peut-être, me procura de nouveau l'occasion de passer en revue ce paysage unique au monde, paysage dont le lecteur voudra bien me permettre ici une rapide esquisse tendant à mettre en relief quelques différents points de vue, lesquels, s'ils manquent d'intérêt, sont bien de nature, j'en suis persuadé, à figurer dans un avant-propos.

*
* *

Ainsi, de celui où je me trouvais alors, lequel tient le milieu entre les Peupliaux et les Rabotés, je n'avais sur ma gauche, il est vrai, aucun agrément, aucun site remarquable qui mérite d'être signalé...

Rien! Rien... que de nombreux et fertiles sillons, ou, pour mieux dire, des pièces de quatre... de six... de huit... de dix... perches.

*
* *

A cette époque, tous ces sillons étaient entièrement dépouillés de leurs récoltes, à l'exception de quelques-uns pourtant, qui, d'espace en espace, étaient légèrement couverts de fanes de pommes de terre atteintes de la jaunisse, qu'une sécheresse excessive et prolongée faisait littéralement mourir de soif. Avec cela, au milieu de vignes grillées par les gelées blanches du mois de mai précédent — lesquelles avaient l'air de faire la nique aux vignerons qui avaient eu la bonté de leur donner des échalas pour se soutenir — se dresse une petite maisonnette, espèce de blockaus qui ne dit absolument rien. Rien !...

*
* *

Mais en revanche, sur la droite, où je jetai bientôt les yeux, j'avais de quoi me défrayer amplement. De ce côté, il n'en était pas ainsi que de l'autre.

*
* *

Quoique moins riche ou moins féconde, la campagne, par ici, est plus variée d'aspect; le cercle horizontal qui l'encadre est aussi beaucoup plus reculé.

Un ample coup d'œil de ce côté embrasse une vaste étendue de terrains alternativement plus ou moins accidentés, où se trouvent réunies beaucoup de choses qui fixent naturellement l'attention, qui disposent l'esprit à la méditation, et sur lesquelles enfin, il est toujours possible de s'arrêter pour pérorer un peu.

*
* *

Mais procédons par ordre, s'il vous plaît..... Et tenez! au premier abord, comme c'est gentil et riant à la fois!...

*
* *

J'avais là, sous la main, agréablement située sur les franges de la route dont il a été fait mention tout à l'heure, une élégante petite ferme qui est bâtie sur le sable. Les dépendances de ladite ferme sont de sable également; c'est à cause de cela, sans doute, qu'elles passent, selon le dire des habitants des localités avoisinantes, pour être légères.

Mes connaissances, peu profondes en matière d'agriculture, ne m'autorisant point à émettre une opinion contraire, je me bornerai à dire, à l'avantage de cette propriété, que ses dépendances produisent de très-beaux seigles et d'excellents navets... imitation de Freneuse. J'ajouterai encore qu'on y récolte aussi parfois de succulents perdreaux... Eh bien! que peut-on raisonnablement leur demander de plus?

Je me rappelle qu'à une faible distance de cette ferme chevauchait un nombreux détachement d'oies superbes... Pendant quelques instants, je pris plaisir à les voir, ces bêtes *intelligentes*, s'avancer gravement, résolûment, comme des cuirassiers blancs, à travers un champ voisin.

S'il s'agissait d'une simple reconnaissance ou

d'une réquisition en nature, c'est ce que je ne saurais dire, n'étant pas, comme vous le devez bien penser, dans le secret des... oies.

Bref! après avoir fait à ces palmipèdes inoffensifs l'honneur d'un dernier coup d'œil, je continuai d'avancer, les laissant se livrer librement à leurs paisibles évolutions.

*
* *

Jetant ensuite mes regards dans une nouvelle direction, je découvris un peu plus loin, au second plan, une autre ferme.

*
* *

Moins familière que celle-là, celle-ci se cache parmi les arbres, au milieu de ses dépendances particulières, lesquelles, quoique contiguës, sont, par leur consistance, bien différentes de celles que nous avons vues précédemment.

*
* *

Ces deux fermes sont situées sur les confins d'une plaine, connue, dans toute l'étendue du département de Seine-et-Oise, de tous les amateurs d'un sport cynégétique, ce qui revient à dire que cette plaine doit sa célébrité à l'abondance du gibier de toutes espèces qu'on y rencontre. Les lièvres, notamment, de la plaine de Chapolles, se recommandent, d'une manière toute spéciale, aux gastronomes distingués, par leur grosseur et... leur finesse.

⁂

De ce point de vue, on voit apparaître dans le lointain le joli petit hameau de Brezet qu'on croirait niché dans les bois, et le non moins joli village de Chapolles que ses fondateurs ont eu la fantaisie — peut-être en prévision d'un nouveau déluge — de vouloir percher au-dessus des nues. J'ajoute qu'ils auront dû regretter cependant de n'y avoir réussi qu'à moitié.

Quoi qu'il en soit, nul doute que la situation pittoresque de ces deux centres de population ne constitue pour eux une garantie solide d'un accroissement prodigieux et d'un avenir florissant... dans un temps plus ou moins rapproché.

En attendant, comme il n'est pas sans importance de faire comprendre tous les agréments de sa situation exceptionnelle, afin de prouver qu'il n'y a aucune exagération dans l'opinion favorable que je conçois, particulièrement de cet admirable groupe d'habitations qu'on appelle Brezet, ainsi que du paysage enchanteur qui l'environne, il me suffira de dire que deux villages voisins s'en sont disputé pendant plusieurs siècles l'annexion exclusive, et que, finalement, ces deux villages rivaux ne sont tombés d'accord qu'en s'en attribuant chacun une moitié, faisant de la rue principale une ligne profonde de démarcation dont l'état d'entretien laisse peut-être un peu à désirer, mais qui n'en est pas moins cependant, une limite plus respectée, plus sacrée que certaines limites internationales que nous connaissons bien, et que ni les uns ni les autres des anciens belligérants ne songent à franchir dans un but d'envahissement ou d'usurpation.....

*
* *

Par suite de cet arrangement, Brezet a perdu d'un seul coup, cela se comprend..... ou plutôt cela est incompréhensible, le précieux avantage de son autonomie et de son hégémonie...

Maintenant, quant à vous dire si, en cette grave circonstance, ses litigieux habitants ont été consultés, je ne le puis, car l'histoire n'en fait pas mention; mais j'en doute fort, parce que Brezet est *faible* et que ce n'est pas d'aujourd'hui que *la force prime le droit.*

*
* *

Toutefois, nous n'avons pas trop lieu de nous alarmer du sort fait aux habitants de cette petite et délicieuse localité par suite de ce nouvel état de choses auquel ils ont dû se soumettre, attendu qu'il résulte d'informations que je viens de prendre à leur égard, qu'ils se trouvent assez bien sous la tutelle étrangère qui leur a été imposée pour n'avoir pas trop à regretter eux-mêmes leur ancienne indépendance.

Malheureusement il n'en est pas de même partout; il n'en est pas de même, dit-on, pour d'autres populations auxquelles pareille situation a été faite, c'est-à-dire qui, comme celle de Brezet, ont dû subir la loi du plus fort.

Par exemple, la Pol..... Chut! Passons notre chemin et parlons d'autres choses, s'il vous plaît.

***

Tenez, je vous offre maintenant un grand parc, clos de murs et couvert en grande partie de bois élevés. Au centre de ce parc, on admire la superbe façade d'un château de construction récente, style moderne.

Nos félicitations au propriétaire de cette somptueuse demeure, ou plutôt à l'homme d'Etat plus ou moins expérimenté qui l'occupe. Oui, félicitons-le... de ce... Attendez que je cherche un peu... Ha, voilà!... Félicitons-le de ce qu'il a su, lui, s'éloigner d'un ministère quelconque au moment où il allait recevoir son congé des mains du peuple, qu'une juste indignation autorisait à n'y point mettre de formes gracieuses.

*
* *

Il va sans dire que cette retraite anticipée épargna à ce ministre d'un autre Charlemagne, en même temps qu'un désagrément personnel, le profond chagrin qu'il aurait pu éprouver en voyant expirer entre ses bras un régime auquel il devait être, personne n'en doute, sincèrement attaché...

*
* *

De sorte que ce régime a pu s'affaisser sans lui, rendre les derniers hoquets, entre les bras d'autres docteurs, d'autres collègues qui, bien sûr, ont dû le pleurer, mais qui, vraiment, n'ont pas fait de grands efforts pour prolonger ses jours.

*
* *

Aussi, c'est pourquoi je me suis déjà demandé maintes fois, depuis cette fin pitoyable, ce qu'il y avait de dévouement réel au fond..... au fond de cette formule épistolaire consacrée se traduisant par ces mots : *Je suis, Sire, de Votre Majesté, le très-humble, très-obéissant et très-fidèle sujet*, et de cette autre formule sacramentelle : *Je jure obéissance à la Constitution et fidélité à l'Empereur.*

*
* *

Emile, Maurice et Cie, où en êtes-vous? Ah!.....

Mais voyez donc! L'Intérieur est envahi! Les Beaux-Arts sont endommagés, souillés! L'Etranger s'avance et... nous manquons d'hommes!... Nous n'avons pas, dit-on, une armée assez nombreuse pour le repousser! Et cette armée, elle-même, si bien pourvue de boutons de guêtres, n'a-t-elle pas déjà manqué de vivres et de munitions?...

En un mot, nous sommes pris au dépourvu! Nous ne sommes pas en mesure, nous ne sommes pas prêts!..... Ah! mais..... au surplus....., qu'est-il besoin de se lamenter?... Qu'avons-nous à craindre?... N'avons-nous pas des ministres *responsables*?...

*
* *

Encore quelques minutes de marche, et d'un nouveau point de vue, je vis au-dessous du château une autre ferme. En vérité, il n'y a que des fermes dans cette contrée.

*
* *

Je dirai de celle-ci qu'elle a l'air de s'ébattre joyeusement dans les prés, au milieu de ses canards formés par compagnies, et de ses poulets déployés en tirailleurs.. .. Ce qui ne la sauvera pas cependant..... du reproche bien mérité que je veux lui adresser en passant, de prendre des bains de pieds ou de patiner sur la glace au cœur de l'hiver.

*
* *

Si je ne craignais d'être indiscret, je donnerais en même temps ce que je crois être un bon petit conseil à cette ferme : je l'engagerais, par exemple, à se défaire, au plus vite, de cette large ceinture de peupliers et de buissons qui la rongent, qui l'étouffent.

*
* *

Ici, je noterai tout spécialement, comme étant la plus jolie portion du tableau déroulé devant moi, une découverte intéressante, un spécimen touchant de la nature animée, lequel me rappela à de chers souvenirs et sur lequel je fixai longtemps mes yeux.

*
* *

A quelques pas de là, sous les rameaux inférieurs d'un aubépin défleuri, et ne prenant aucune part aux inquiétudes du jour, se trouvait réunie une famille heureuse !...

Une poule et ses poussins !

*
* *

Voyez, et dites s'il est quelque chose de plus ravissant !

Quelques-uns de ces derniers sont réfugiés sous les ailes de la mère. D'autres, petits vagabonds, vont, viennent, en sortent, y rentrent à chaque instant, sans trop savoir pourquoi,— il me le semblait du moins, — abusant beaucoup de la bonté maternelle qui se prêtait de la meilleure grâce du monde à tous ces petits caprices naissant de l'enfantillage.

*
* *

Quelle tendre affection ! Cette bonne mère ne paraît être préoccupée que du devoir d'abriter, de réchauffer ces bambins et de leur procurer une nourriture dont ils se montrent incessamment avides.

*
* *

Et justement ! Elle vient de découvrir un grain !!...

Comme elle paraît joyeuse en les appelant aussitôt !

Et comme ils s'empressent autour d'elle, eux, ces enfants gâtés, insatiables, pour recevoir de leur maman une des mille petites rations qu'elle leur distribue chaque jour...

Hé ! gentils poussins ! — leur criai-je en m'éloignant — gardez-vous d'oublier cela en grandissant !.....

*
* *

Pour le lecteur qui n'est pas étranger aux lieux que je viens de décrire, il se comprend que j'étais dans cette partie du globe terrestre qu'on appelle le Plat-Rû, dénomination tirée du rû qui la sillonne en effet.

*
* *

Le Plat-Rû !...

D'après un dictionnaire encyclopédique universel, sans nom d'auteur bien entendu, lequel est sans contredit le plus complet des dictionnaires de ce genre, on voit que le Plat-Rû doit son qualificatif à sa configuration primitive.

*
* *

« Chacun sait, dit ce dictionnaire, qu'il y a
« quelques dizaines d'années, au lieu d'être
« encaissé comme aujourd'hui sous la chaus-
« sée, ce petit cours d'eau s'écoulait à sa guise
« par-dessus, et ce, dans une largeur démesu-
« rée, insensée, peu en rapport avec son épais-
« seur et son importance. En réalité, ce rû
« était plat.

*
* *

« Le Plat-Rû, continue le dictionnaire, fit
« pendant longtemps le désespoir des jeunes

« villageoises de Chapolles, de Fresnus et de « Bouflemont, qui, chaque lundi, devaient for« cément le passer pour aller approvisionner « de légumes et de laitage le marché de la « *bonne* ville de Mellentum.

*
* *

« Il en était ainsi parce qu'en ce temps-là il « y avait peu de charrettes et encore moins de « voitures suspendues au moyen desquelles « elles eussent pu, sans crainte comme sans « danger, en effectuer le passage.

« Alors, nos jeunes ménagères étaient obli« gées de faire le trajet sur des montures de l'es« pèce asine pour la plupart, et qui, comme « chacun doit le penser, étaient, en ce temps-là « comme de nos jours, peu soucieuses de « mouiller leurs sabots...

*
* *

« Aussi, le plus grand éloge qu'il fût possi« ble de faire, il y a vingt-cinq ans, d'un bau« det dans ces parages, était de dire qu'il ne « faisait jamais d'opposition, ce qui s'entend « qu'il passait par tout sans se faire de bile..., « qu'il passait le Plat-Rû sans la moindre diffi« culté. Il pouvait être ombrageux ensuite, « mordre, ruer, être vicieux enfin, tous ses dé« fauts s'effaçaient devant cette grande qua« lité.

*
* *

« Mais les baudets de bonne trempe faisant « exception, il arrivait que le plus souvent le « cœur de nos ménagères battait plus fort à « mesure qu'elles approchaient de ce passage « redoutable, et d'autant plus fort qu'elles « connaissaient parfaitement d'expérience le « caractère intraitable de leurs montures.

« Il y avait moins de quoi rire, en effet, « que de s'inquiéter de ce qu'il allait s'ensui- « vre de la résistance, des cabrioles et des « écarts accoutumés, plus ou moins fantasti- « ques, de maître Aliboron.

« Dans l'un des crochets, il y avait un pa- « nier de beurre ; un panier, dans l'autre cro- « chet, contenait un certain nombre de froma- « ges formant contre-poids. Tout cela ayant « été fait au moule soigneusement, il était ur- « gent de rendre cette marchandise saine et « sauve à destination, ce qui n'était pas tou- « jours facile.

*
* *

« Le bât était le siége de la conductrice qui, « sur le bord du rivage, assaisonnait sa bête « rebelle d'une foule de malédictions, d'épi- « thètes malsonnantes, injurieuses, de hues, de

« dias, de force à faire dérailler une locomo-
« tive.

*
* *

« Indépendamment de ces nombreuses chu-
« tes dont on rit et rougit à la fois, combien y
« eut-il de fromages de cassés et de crème de
« répandue dans cet endroit?
« C'est ce que jamais personne ne saura. »

*
* *

Et voilà précisément à quoi je songeais, moi, quand je crus devoir m'arrêter un peu sur l'aqueduc du Plat-Rû. Car il est bon de dire que cette dénomination est restée, bien que le rû ne présente plus cet aspect d'après lequel on la lui avait donnée.

*
* *

Ces quelques moments d'arrêt en cet endroit étaient motivés, disons-le, par le désir qui venait de se manifester en moi, de savourer la vapeur odoriférante d'une cigarette.

Or donc, comme vous le voyez, c'était une pause de rigueur.

*
* *

En deux temps, ladite cigarette fut roulée, après quoi j'employai les deux autres à en ignitier un bout alors que je suçais l'extrémité opposée avec un certain air de satisfaction qui, je dois l'avouer, n'était rien moins que réelle.

*
* *

Car fumer, à dire le vrai, n'est pas pour moi un passe-temps bien délicieux ; mais je fume quelquefois cependant — et, comme beaucoup de fumeurs peut-être, — quand je ne sais quoi faire ou que j'éprouve le besoin de me taquiner le cœur un peu.

*
* *

Vous dire ce qui me donna ensuite l'idée de stationner ici l'espace de temps nécessaire qui me permit de jeter philosophiquement au vent, les unes après les autres, toutes les bouchées de ma cigarette, me serait impossible, serait peu intéressant d'ailleurs... L'amour de la solitude, un accès de paresse, que sais-je? Rien ne m'autorise à prétexter un sérieux besoin de repos puisque mon domicile que je venais de quitter n'était éloigné que de huit kilomètres au plus du lieu où je me trouvais en ce moment.

Enfin, brisons là-dessus.

*
* *

Toujours est-il qu'à cette fin j'avisai, au point d'intersection que forme avec la route départementale le chemin qui conduit à la ferme dont je viens de parler, un frais tapis de fin gazon, ombragé par le feuillage vert-tendre d'un jeune acacia.

*
* *

Le tout était situé à quelques pas de ce vieil orme que tout le monde connaît, lequel est piqué là, en dehors de l'alignement, comme une sentinelle avancée, et auquel la faulx ou le canon a déjà fait une cruelle blessure au pied. Pauvre vieil...lard!.., Pauvre sentinelle!... L'hiver s'avance à grands pas... S'il est rigoureux, gare à toi!

*
* *

À part cela, pour compléter la série des attraits qu'offrait cette mignonne retraite de quelques mètres superficiels, il me faut ajouter qu'elle était bordée, sur deux côtés, d'épais buissons impénétrables aux regards inquisiteurs des passants.

De plus, du côté du couchant, elle était doublement fortifiée : d'abord, par un talus en terrasse, formé des déblais dont on avait fait l'extraction jadis pour établir le fossé qui longe la route; et ensuite... et ensuite par ce même fossé.

Hâtons-nous de faire observer, toutefois, que ce terrassement s'était recouvert depuis, de ce moelleux tapis sur lequel j'allais m'étendre voluptueusement afin de mettre de côté, au moins pour quelques instants, les préoccupations de l'époque, et me procurer, autant qu'il allait être en mon pouvoir, les douceurs d'une béatitude complète, assez rare ici-bas.

*
* *

Disons aussi que le sommet de ce talus était surmonté d'une ligne serrée de jeunes plants d'ifs, destinés, on le devine, à devenir, d'ici à quelques années, une haie vive, charmante, inoffensive, mais qui, pour le quart d'heure, allait me servir de rideau au moyen duquel j'allais avoir, comme au travers d'un tissu léger, l'immense avantage de reluquer les passants s'il s'en présentait, exempt de l'inconvénient insupportable d'en être vu. A quelque distance de là, je remarquai aussi un jeune plant de cyprès recevant en ce moment même les soins assidus d'un pépiniériste intelligent qui, ayant prévu quelques années d'avance la guerre actuelle, s'était assuré quelques milliers de ces arbustes sépulcraux.

*
* *

Enfin, le côté du Levant, par lequel je m'étais faufilé dans cette solitude agreste, ouvert aux rayons d'un soleil radieux dont l'ardeur était tempérée par le feuillage que vous savez, avait accès sur un morceau de plaine qu'aucun obstacle ne m'empêchait de parcourir du regard.

*
* *

Faut-il dire encore... Ah !... pardon... j'oubliais... et vraiment je ne saurais sauter par là-dessus...

J'oubliais de dire que de légers nuages, passant à de courts intervalles, venaient tour à tour s'interposer entre le soleil et la terre. D'où venaient ces nuages ? De quoi s'étaient-ils formés ?

*
* *

Selon moi, ils devaient avoir pris naissance sur les champs de bataille de l'Alsace et de la Lorraine, alors envahies...

Mais, avez-vous remarqué comme ils avaient l'air de fuir en désordre ? N'eût-on pas cru volontiers qu'ils fussent poursuivis ?.....

*
* *

Il est de fait que, refoulés sur toute la ligne par une brise d'Allemagne, ces nuages se repliaient précipitamment vers l'ouest où il me semblait les voir se rallier dans le lointain...

A bien y réfléchir, cela ne présageait rien de bon... Ah! si j'avais pu les interroger !...

*
* *

Faut-il dire encore, — revenons-y, — que, parmi les fleurs tardives, isolées dans les buissons d'arbustes d'essences variées qui m'environnaient, de charmants petits oiseaux gazouillaient, et qu'il y avait non loin de là au-dessous d'un vieux nid de pies, un laurier... rose, sur la plus haute branche duquel un ross... Et puis... dame... c'est tout.

* * *

Non, je n'en dirai pas davantage parce que vous pourriez dire que, pour orner mon récit, j'emprunte les motifs d'une vieille romance, composée d'après les faits militaires d'un héros d'un autre temps, qui — soit dit entre parenthèses — aima mieux mourir que de se rendre;... parce que vous pourriez dire enfin que je brode ou que je mens, selon le degré de courtoisie ou d'aménité que vous voudriez employer à mon égard, mais ce qui, en somme, signifierait à peu près la même chose.

Donc, plutôt que de m'exposer à essuyer un tel reproche que je n'aurais point mérité, je préfère m'en tenir à cela...

Maintenant, quant à toutes ces particularités qui précèdent, touchant la situation ou les ornements de ces lieux enchantés, la revue que j'en ai faite paraîtra je n'en doute pas, aussi insignifiante que superflue au plus grand nombre de mes lecteurs. Oui, je le sais et le regrette bien sincèrement.

Cependant, sur ce point, ils se montreront indulgents, je l'espère, en songeant que, si j'ai pu en interrompre brusquement la description, il m'était impossible de les passer toutes sous silence.

*
* *

Il était indispensable, en effet, que je fusse quelque peu prolixe, puisque je ne pouvais qu'à cette condition établir pour eux la possibilité d'une vérification, d'une confrontation de ce lieu avec ce que j'en ai dit, ce qui leur permettra, s'ils y tiennent absolument, de s'assurer jusqu'à un certain point que je n'invente rien...

*
* *

Donc, commodément installé dans cette ravissante petite retraite que je viens de faire connaître; c'est ainsi que, la cigarette tantôt entre les lèvres, tantôt entre le pouce et l'index, je passai là une demi-heure moins quelques minutes à m'extasier... un peu, à réfléchir, à méditer beaucoup.

A m'extasier un peu sur différentes choses auxquelles la politique, cela va sans dire, était parfaitement étrangère; à réfléchir, méditer beaucoup, — je ne pouvais m'en défendre, — sur les événements du jour, ou plutôt de l'avant-veille, car, ainsi que je l'ai dit en commençant, ceux de la veille, et à plus forte raison ceux du jour, m'étaient également inconnus.

En voilà assez, je crois, pour vous donner à songer que je ne goûtai point là toutes les douceurs de la quiétude que j'y étais venu chercher. Non !

*
* *

Non ! Malgré cette confortable installation, dire combien j'y fus en proie à de vives et patriotiques angoisses, c'est ce que ma plume n'entreprendra pas de faire..... Mais le lecteur pourra néanmoins s'en faire une idée.

*
* *

S'il est Français de naissance et de sentiments, il devra bien penser que, si j'admirai de temps à autre la fumée de ma cigarette s'élevant lentement en spirales vers les nuages qu'elle allait grossir, c'était pour revenir aussitôt, par la pensée, à la situation critique dans laquelle nous nous trouvions, situation qui ne paraissait guère devoir s'améliorer de toute la durée des hostilités engagées.

*
* *

A cette époque, vous le savez, mon cher lecteur, les feuilles politiques nous avaient déjà soumis plusieurs tableaux navrants où était reproduit, en traits sanglants bien qu'un peu voilés, un faible aperçu des horreurs de la guerre.

Forbach! Wissembourg! Reischoffen!

Sinistre! Sinistre! Sinistre!

*
* *

Depuis une quinzaine enfin, les Prussiens étaient en France!!! Ils avaient pénétré sur notre vieux sol national à la suite de plusieurs désastres que venait d'éprouver la vaillante armée qui le devait protéger..... Allons, bon! encore un nuage qui passe..... mais il est fortement teinté de noir, celui-là!...

*
* *

Comme c'était en concevant une grande inquiétude que je m'étais gîté en cet endroit, obéissant aux lois naturelles de l'imagination, je m'abandonnai d'abord aux plus tristes réflexions... Mais — tout à l'heure je vais vous dire pourquoi, — j'en vins insensiblement à me représenter l'avenir sous des couleurs moins sombres, sous un aspect moins effrayant; et, malgré les défaites successives que je viens de citer et plusieurs autres inédites, je sentais revenir l'espoir en moi ; il me semblait voir renaître partout le courage.

Je me posai entre-temps, une foule de questions sur les causes de la guerre, cette plaie sociale qui, sur tous les points du globe, afflige, déshonore l'espèce humaine. Je songeais aussi aux conséquences douloureuses, possibles ou probables, qui pourraient résulter de celle-ci quelle qu'en dût être l'issue...

L'issue ! Ah ! quant à cela, si ma confiance avait pu être un moment ébranlée, par suite de certaines considérations d'un ordre supérieur, elle se trouvait alors assez bien rétablie.

Ainsi, j'en étais arrivé peu à peu à conclure qu'il ne s'agissait que d'insuccès passagers et que la fortune des armes ne pouvait manquer de nous devenir favorable...

Et je comptais autant, pour changer ainsi la face des choses, ou, si vous l'aimez mieux, les choses de face, sur l'intrépidité chevaleresque que sur les talents militaires bien connus de Sa Majesté.

On avait proclamé autrefois que le neveu avait hérité tout cela de son oncle !... je pensais bien qu'il n'attendrait pas une plus belle occasion pour le prouver ou s'en servir.

Après cela, ce qui ne contribuait pas peu encore à me persuader que notre affaire était *toute claire*, c'est que l'armée était commandée par des subordonnés de son choix... qui, pour la plupart, avaient gagné pas mal de bons points et d'accessits aux écoles polytechniques.

Ah! et de plus... Afin de décider l'Etre suprême à se mettre de notre côté, Sa Majesté, avant d'entrer en campagne, n'avait pas négligé de se nettoyer la conscience et de renouveler sa première communion, indépendamment de plusieurs autres démarches et intercessions de commande religico-diplomatiques.

*
* *

Allons, sire! le jour de gloire est arrivé!.... Vous vous souviendrez sans doute de la parole que vous avez donnée au peuple en terminant jadis une proclamation célèbre. Aujourd'hui l'action est engagée; vous êtes soumis à l'épreuve... *Marchez, l'on vous suit!*

*
* *

Je n'attendais pas moins des dispositions précoces tant vantées de son Altesse Impériale. A l'exemple de *petit père*, lui aussi, le petit *gosse* avait rempli en bon chrétien ses devoirs religieux. Lui aussi, *l'innocent*, il s'était purifié l'âme; il avait reçu le sacrement de l'Eucharistie... avant d'aller se faire baptiser.... avant d'aller goûter à Sarrebruck les primeurs, sinon les dragées, de la campagne qui allait s'ouvrir.

*
* *

Une quinzaine auparavant, tous les journaux *politiques* avaient publié cette brillante affaire de Sarrebruck dans laquelle ce jeune héros s'était distingué.... en faisant une collection de projectiles qu'il essayait d'arrêter au passage avec son képi, tout comme si c'eût été des papillons. Quel courage! Quel sang-froid admirable! Ce petit Annibal, d'un âge si tendre, *n'avait pas eu peur du tout.* Et notez bien surtout que ce n'est pas moi qui l'affirme.... Je ne fais tout simplement que répéter ce que disait César par une dépêche télégraphique adressée à son Augusta, aussitôt après cet heureux début.

*
* *

Pour en revenir aux exercices de sincère piété auxquels toute la famille impériale s'était livrée de corps et d'âme avant de partir pour le théâtre de la guerre, j'ai tenu à en faire mention afin de ne rien omettre des mesures offensives et défensives qui avaient été prises, mais je dois vous avouer en toute franchise que je n'en attendais rien.....

*
* *

Je n'en attendais rien, pour deux raisons différentes. La première, c'est que l'alliance du Tout-Puissant avait été sollicitée avec une ferveur égale par les deux partis en présence. Guillaume n'y avait pas mis moins d'onction et d'assiduité que Louis......

Comprenez-vous maintenant quel embarras ce devait être pour le ciel?...

*
* *

En y songeant je me disais que la meilleure marche à suivre dans un cas si délicat, où il s'agissait de conserver le précieux amour de ces deux grands souverains, d'entretenir de bonnes relations avec ces deux puissants fidèles, ces deux *bons apôtres*, Dieu la choisirait infailliblement, m'imaginant d'avance que, suivant l'exemple donnée par l'Angleterre et toutes les autres puissances de l'Europe, il se renfermerait dans une stricte neutralité.

*
* *

Enfin, la seconde raison, c'est qu'il me semblait que Napoléon s'y prenait bien tard pour implorer l'assistance divine, à laquelle il n'avait même pas, selon moi, des droits incontestables...

Quoi! on se dirige étourdiment vers un fossé qu'on a creusé pendant vingt années par le mépris de la justice, des droits de chacun et des lois les plus sacrées que Dieu lui-même ait établies; et, c'est seulement quand on arrive au bord de ce fossé qu'on songe à se recommander à lui, qu'on le cajole, qu'on l'amadoue, qu'on le prie enfin de ne pas nous y laisser culbuter! Allons donc!.... sire! il est bien tard, vous dis-je, je crains bien que vous ne soyez pas entendu. Songez donc que la voie suivie..... Mais, peu nous importe d'ailleurs le concours de la Providence, si le ferme espoir nous reste de vaincre, de nous tirer d'affaire sans elle.

*
* *

Ainsi que vous le voyez, le succès final n'était plus, à ce moment, qu'une question de temps, ne faisait plus pour moi l'ombre d'un doute.

Après tout, pensais-je, c'est peut-être tant mieux si les Prussiens s'avancent en France ; ils nous épargnent ainsi la peine d'aller les chercher : et il nous sera plus facile alors, en usant à notre gré, de les cerner, de les battre à plate couture ou de les faire prisonniers. N'est-on pas toujours plus fort quand on est chez soi ?

*
* *

Dans la compagnie où je me trouvais incorporé, c'était aussi l'avis de beaucoup de gardes nationaux. On en causait dans les rangs en allant aux exercices ; et, en ce temps-là, c'était un devoir que nous ne négligions pas.

*
* *

Depuis une quinzaine, nous faisions la manœuvre du fusil trois fois par semaine, de six à neuf heures du matin.

*
* *

Aussi nos progrès avaient été rapides, et ce qui était bien de nature à nous encourager, c'est qu'en nous voyant un jour croiser la baïonnette et faire la charge en douze temps, le taupier de la commune, qui était uu ancien soldat du premier empire, nous avait dit sans rire que les Prussiens n'oseraient jamais venir s'y faire mordre....

*
* *

Comme vous le voyez, il n'était pas besoin d'être bien fort sur la tactique militaire pour s'apercevoir que, s'il en était de même partout, les Prussiens seraient finalement *déconfits*.

*
* *

Pour ma part, j'avais un fusil qui ne demandait qu'à faire des *merveilles*.... On l'armait avec la plus grande facilité... Et, pour le faire partir.... pas besoin de presser la détente... Non !... il n'y avait tout simplement qu'à... lui parler...

*
* *

Enfin, par-ci, par-là, on rencontrait des personnes se donnant pour bien informées, qui n'en faisaient pas à deux fois pour émettre cet avis : qu'on attirait les Prussiens *exprès* sur le territoire français, afin de les faire tomber, pieds par-dessus tête, dans un traquenard dont Sa Majesté avait la ficelle. Le traquenard, la ficelle, et par-dessus tout, la Majesté, inutile de dire que tout cela était assez goûté parmi nous.

*
* *

Dans tous les cas, nous devions être prochainement fixés sur le résultat des opérations, car, de l'avis de tous, avec un armement perfectionné comme l'était celui dont on faisait usage de part et d'autre, une guerre ne saurait durer longtemps.

*
* *

Mais, si quelque chose nous autorisait à croire que la lutte serait acharnée et sanglante, c'était certainement la résolution qu'avait publiquement fait connaître Sa Majesté prussienne « d'aller jusqu'à *son* dernier soldat !... »

Et on se disait qu'il en avait un million !... Ah ! comme c'est moral ? Comme c'est gentil ! Quelle belle civilisation ! Et combien la nation prussionne doit se trouver heureuse et fière d'avoir pour souverain un guerrier de cette trempe !

*
* *

Malgré cette déclaration atroce, il ne m'était guère possible, cependant, de supposer que cette lutte, qui, n'ayant pas à mon sens de motif sérieux, n'aurait jamais dû éclater, dût se prolonger ainsi jusqu'à la dernière extrémité. Car, je ne considérais pas comme un motif de ce caractère le fait de cette malencontreuse candidature princière, ce qui n'était rien autre chose, il me le semblait, qu'un faux prétexte, une basse machination imaginée pour allumer une guerre qui était conçue depuis longtemps et dont les préparatifs avaient été faits de longue main.

*
* *

Et c'est ainsi que, mettant toute ma confiance dans le retour d'une paix prochaine basée sur des conditions honorables, conclusion à laquelle m'avaient conduit les rêveries dans lesquelles je m'étais plongé, je me suis senti soulagé, et quelque peu réconforté aussi par l'espoir de recevoir dans quelques instants, et l'un des premiers, la nouvelle d'un armistice préalable, ou d'une victoire à notre profit, complète, éclatante, décisive.

* * *

Ah ! combien j'aimais, en attendant, à me délecter de cette pensée : qu'à l'avenir les monarques, si toutefois les monarchies n'étaient pas ensevelies au milieu des ruines et des cadavres qu'ils amoncèlent sans raison, finiraient par comprendre qu'on acquiert beaucoup moins de gloire à faire mitrailler les peuples qu'à les gouverner sagement.

* * *

Quant aux princes d'humeur batailleuse, combien j'aimais à espérer aussi que, sans trop chercher, ils pourraient trouver un jour et pratiquer le moyen de donner un libre cours à leurs dispositions belliqueuses, à leurs instincts sanguinaires... réglant eux-mêmes leurs propres contestations, leurs querelles personnelles, leurs rancunes séculaires sans mettre en ligne, sans faire s'entre-déchirer pour des causes qui leur sont entièrement étrangères, des millions de sujets dont le moindre souvent les vaut bien...

Jusque-là toutes ces réflexions étaient belles

et bonnes sans doute, mais elles n'avaient pas fait baisser d'un seul degré centigrade l'ardeur du désir que j'avais de me procurer des nouvelles *fraîches*, avantageuses et, surtout, véritables, qu'elles fussent officielles ou non. Ce désir s'était même, en quelque sorte, ravivé d'autant plus, que je m'étais dit qu'après tant de mauvaises, il devait indubitablement nous en arriver de meilleures.

*
* *

C'est dire que j'en étais arrivé à un moment où il m'eût été impossible de tenir là plus longtemps. Il me fallait désormais quelque chose de réel et non d'imaginaire, quelque chose de palpable, comme un lambeau de papier, par exemple, publiant une dépêche excellente, et, je le répète, surtout authentique.

*
* *

Or, afin de me donner satisfaction entière à ce sujet, sans plus tarder, je me hâtai de tirer, coup sur coup, plusieurs aspirations de fumée que je chassais aussitôt dans l'espace, en suivant toujours des yeux, cela va sans dire, les proportions étendues, les formes capricieuses qu'elle y prenait aussitôt.

Comme c'est singulier, pensais-je encore, dans l'extase d'une si prompte dilatation immédiatement suivie d'une si complète dissolution, c'est à peine si cette vapeur est sortie de ma cigarette que tous efforts tendant à l'y faire rentrer seraient infructueux...

Cette idée n'est pas neuve, n'est pas riche, direz-vous peut-être, mon cher lecteur. C'est vrai, je l'avoue, et j'admets cette observation, bien qu'il s'agisse en cela d'une réduction infinitésimale par laquelle il m'a plu de préluder avant de vous en soumettre une autre plus grande et mieux définie qui comporte cette conclusion : qu'il me paraît tout aussi difficile de faire perdre entièrement chez l'homme, sans espoir de retour, le sentiment, l'amour des libertés légitimes qu'il possède ou qu'il veut acquérir, que de faire rentrer dans la chaudière d'une locomotive et par la cheminée où elle en est sortie, toute la fumée qui s'en serait échappée depuis dix années !... Quand cesserez-vous de le tenter, vous qui croyez que cela n'est pas impossible ?...

Enfin, pour en finir avec ma cigarette... Ah ! pardon, je m'oublie... Peut-être n'en usez-vous pas, lecteur, ou la fumée vous incommode... Au fait, tant pis !... Je ne dois point négliger ce mince détail, bien qu'il soit insignifiant, car, par cela même, il témoignera de la véracité de mon récit, attendu qu'on se convaincra facilement que je n'y introduirais point cette banalité bouffonne si elle n'était, comme le reste, de tout point histo..... je veux dire véridique.

⁂

Donc, pour en finir avec ma cigarette que nous aurons le plaisir de fumer ensemble jusqu'à parfaite extinction, attendu que je n'en veux rien perdre, — il n'en reste plus d'ailleurs — je m'aperçus, aussitôt après en avoir extrait un peu trop précipitamment deux ou trois nouvelles goulées, que je venais de commettre une grave imprudence, laquelle était moins faite pour me passionner davantage que pour augmenter le dégoût, l'indisposition habituelle qui se manifestaient ordinairement en pareil cas, et dont les premiers symptômes se faisaient déjà sentir intérieurement. Et puis, je ne sais pas... il m'a toujours semblé que ce n'est pas la meilleure qualité de tabac qui se trouve de ce côté-là...

Bref ! après cette dernière et abondante extraction, il ne me resta plus rien de ma cigarette qui fût exploitable, et ce fut d'un geste dédaigneux dont on ne voit que de rares exemples, que je disposai du peu qui ne l'était plus, en le lançant loin de moi, le voyant, d'un œil tout à fait indifférent, expirer au milieu d'un bouquet de fines herbes où il était tombé.

*
* *

Malheureusement, je n'en avais pas encore fini avec les deux ou trois dernières bouffées que j'avais aspirées. Sachez donc que j'en avais fait deux parts, et, autant que je puis le croire, deux parts à peu près égales. La première fut comme précédemment chassée dans l'espace... Quant à la seconde, par une maladresse que j'ai vainement cherché à m'expliquer depuis, je lui fis prendre une direction bien différente, hélas !

*
* *

Vous avez deviné, hein?... Eh bien ! oui... je l'avoue, j'eus beau tousser et retousser, l'affaire était faite de laquelle il s'ensuivit une sensation fort désagréable, ce qui m'inspira une réflexion d'un nouveau genre touchant le produit exotique d'un certain M. Nicot, un brave homme dont j'avais maintes fois entendu parler, mais que je n'eus jamais l'honneur de connaître personnellement.

Le tabac, ainsi que la poudre, me parurent être en ce moment deux de ces découvertes dites merveilleuses, — mais pour moi d'un ordre fort secondaire — dont on n'avait pas absolument besoin pour vivre...

Cette dernière pensée venait de traverser mon cerveau juste au moment où je me levai afin de reprendre ma course et achever le petit bout de route qui me restait à parcourir pour arriver à la ville que vous savez.

*
* *

Après avoir gravi prestement le talus, j'entr'ouvris aussi délicatement que possible mon rideau vert au travers duquel je me glissai avec autant de précaution qu'il en fallait pour ne le pas trop chiffonner. Je me trouvai alors sur le haut de ce rampart d'où, libre de toute entrave, je me disposai à m'élancer, avec l'espoir de ne pas retomber autrement qu'à pieds joints sur le bord de la route, au-delà du fossé qui m'en séparait.

*
* *

Confiant dans la souplesse de mes jarrets, l'entreprise ne me paraissait pas au-dessus de mes forces. D'un coup d'œil j'avais mesuré la distance, d'un bond je pouvais la franchir. Je m'apprête..... je compte : une ! deux ! et tr..... mais quoi ! chut... Restons sur le qui-vive.....

*
* *

Je fus subitement arrêté là par une formidable explosion..... de clameurs, de rires confus, d'exclamations insensées, qui s'étaient élevés à quelque distance entre plusieurs *sujets* qui s'avançaient sur la route, mais que je ne distinguais pas encore à cause d'une courbe qu'elle décrit en cet endroit, à cause aussi des bosquets touffus, d'arbres à haute tige qui la bordent de chaque côté, et dont les branches inférieures viennent parfois baver dessus.

Désirant éviter la rencontre de ces gens qui venaient du côté où je me proposais d'aller, je résolus d'attendre qu'ils fussent passés. A cette fin, je me retranchai de nouveau derrière mon rideau d'ifs.

* * *

A mesure qu'ils approchent, les rires, les exclamations se succèdent presque sans interruption.

Tiens, pensai-je, en entendant ce tohu-bohu qui, en définitive, me paraissait joyeux, est-ce qu'il s'agit décidément d'un succès, d'une victoire glorieuse pour nos armes ? Il ne peut en être autrement d'ailleurs, car, qui songerait à se réjouir aujourd'hui si une victoire remportée n'en fournissait l'occasion ?

Enfin, de ce mélange de voix discordantes je ne pus rien m'expliquer jusqu'au moment où l'un de nos joyeux personnages entonne et chante tant bien que mal celui des couplets de Rouget de Lisle commençant par ces mots : *Allons, enfants de la Patrie.....*

*
* *

Bigre ! En voilà un qui n'a pas froid aux yeux, me dis-je aussitôt : s'il y a seulement cinquante mille patriotes en France comme celui-là, les Prussiens n'ont qu'à bien se tenir. Mais, comment ne craint-il pas de se faire empoigner par la police ? Ignore-t-il, par hasard, que la *Marseillaise* est un chant séditieux ?..... Ah ! qu'est-ce que je dis donc, moi ?... J'oublie que le gouvernement fait la sourde oreille maintenant, et que l'attitude indifférente qu'il affecte aujourd'hui ressemble beaucoup à une autorisation, pour ne pas dire à un encouragement, à l'égard de ceux qui chantent la *Marseillaise.*

En effet, de séditieux qu'il était auparavant, la *Marseillaise*, on se le rappelle, était devenue un chant presque officiel. Les circonstances aidant, comme les temps peuvent changer du jour au lendemain !..... Mais peu nous importe. Chut ! Ecoutons, écoutons !...

Contre nous de la tyrannie
L'étendard sanglant est levé,
L'étendard... ard...

Ici, au *bis*, notre ténor se dégage dans l'angle et m'apparaît. Il m'apparaît..... oui !..... faisant partie d'une compagnie plus ou moins choisie... Hélas ! l'opinion favorable que j'avais conçue de lui ne fut pas de longue durée. La première strophe n'était pas achevée qu'il m'était donné de voir à qui j'avais affaire.

Et je compris dès lors qu'il me faudrait sans doute me désillusionner relativement à la victoire que je m'étais promise.

Non ! il n'y avait rien en cela qui annonçât une victoire... Mais, au fait..... oui, c'en est une... une à porter au compte de l'empire : un groupe se composant de pochards et de langoustes !... J'avais sous les yeux, à cinquante pas, deux pochards se tenant bras dessus, bras dessous, et titubant d'une manière pitoyable !

*
* *

D'une voix étranglée, c'est-à-dire d'une voix qui part de la gorge, mais non du cœur, l'un de ces deux ivrognes écorche le premier couplet de la *Marseillaise*, nous l'avons dit. L'autre qui saurait peut-être écorcher quelque chose aussi, mais qui, dans l'état où il se trouve, ne le peut assurément, et chez lequel un reste de sentiment patriotique semble néanmoins surnager, se débattre au milieu des flots... de liquide capiteux qu'il a ingurgité, trouve encore assez de force et d'énergie pour accompagner son collègue au refrain...

En même temps que celui-ci jette aux échos endormis de Beckville ces trois mots : *Aux armes, citoyens...* celui-là, ce corps presque inerte, comme s'il subissait l'influence d'un courant électrique, levant en l'air un bras menaçant... en vocifère quatre autres également en vogue à cette époque : *A Berlin! A Berlin!*

A quelques pas derrière eux, comme pour faire fond au tableau, les suivent en riant aux éclats, deux lang... deux sauterelles!

Ah! de grâce! détournons les yeux, ne prêtons pas l'oreille à certains propos, pour nous épargner un plus grand scandale.

*
* *

En ce moment je devins rêveur et les nouvelles réflexions qui vinrent m'assiéger à cette occasion furent celles-ci :

Pour être juste envers cette société qui patauge, qui se vautre dans la fange et la débauche, doit-on la maudire? Ne doit-on pas, au contraire, la plaindre sincèrement? Deux questions étaient posées, aussi contradictoires que celles de certain plébiscite, et qu'il était également bien difficile de trancher, d'un seul coup par une réponse affirmative ou négative. Pour me tirer d'embarras, je fis ce que le plus simple bon sens indique en pareil cas : Abordant ces questions l'une après l'autre, je les résolus séparément.

A la première je répondis : Non ! A la seconde je répondis : Oui ! Oui, car cette société n'est pas cause de sa dépravation.

Accuse-t-on le sol de laisser, en maints endroits, croître à sa surface, des épines, des ronces, des cryptogames vénéneux? Reprochera-t-on au champ abandonné de ne point produire de froment si l'on n'y en a pas semé? Qui est responsable?... Quelle est la cause? Qui est responsable des mauvais sentiments que professe une fraction plus ou moins nombreuse de la société, ou des passions viles dont elle devient la proie? Ceux-là ne sont-ils pas en même temps pour quelque chose dans les événements sanglants qui s'accomplissent?

Empereur, ministres, députés, fonctionnaires de tous grades, administrateurs de tous rangs; vous tous qui vous êtes montrés des tuteurs incapables, des tuteurs imprévoyants, des tuteurs infidèles, honte à vous ! Arrière, il n'est pas trop tôt !...

Qu'avez-vous fait de la France, votre noble, votre infortunée pupille? La France ! hélas ! elle ne sait pas raisonner, elle ne sait pas lire, elle ne sait pas voter, elle ne sait pas se conduire !!..... Privée de si précieux avantages, possède-t-elle toujours, néanmoins, l'art de vaincre et le courage de combattre, auxquels ces avantages s'allieraient si bien ? C'est ce que nous verrons au dénoûment...

En attendant, trêve de sombres réflexions qui feraient naître en nous de tristes pressentiments et achevons au plus vite notre voyage... ou plutôt le récit des circonstances dont il fut plus ou moins agréablement émaillé.

A ce moment où je me disposais de nouveau à m'élancer sur la route, moment que je saisis pour dire un dernier mot sur le pénible défilé auquel je venais d'assister, je n'entendais plus que faiblement les clameurs que vous savez, et jetant un regard du côté où ils étaient allés, je ne vis plus nos héros.. En s'éloignant, ils avaient disparu derrière une longue file de gros peupliers, dans une autre courbe que dessine encore la route dans cette direction. Maintenant qu'elle est libre, maintenant qu'elle elle propre, hâtons-nous... Marchons ! marchons !.....

* * *

Allons, bon ! encore un contre-temps !... Décidément, il est écrit que nous n'avancerons pas....

* * *

J'en étais donc arrivé pour la seconde fois à franchir le fossé, quand, en jetant, je ne sais pourquoi, mes yeux dans la direction que je devais suivre, j'aperçus, à cent mètres environ de l'endroit que j'occupais, un monsieur qui, à son tour, débouchant du fourré, manœuvrait de manière à passer aussi dans quelques instants devant moi. Après quelques secondes d'examen, je résolus encore d'ajourner mon départ de deux ou trois nouvelles minutes, mais bien déterminé cette fois, quoi qu'il arrive ensuite, à pousser d'une haleine après, jusqu'à mon but.

— Mais, cette nouvelle apparition, direz-vous, lecteur, quelque inattendue qu'elle pût avoir été, sur une grande voie de communication n'avait rien d'extraordinaire, et, ne témoignant nullement que la route n'était pas sûre, bien qu'elle ne fût pas entièrement dégagée, ne devait pas en tout cas m'empêcher d'exécuter un saut qui, en résumé, n'avait rien de périlleux, et de marcher aussi en avant comme les autres.

Cet incident enfin, qui ne devait pas me fournir autrefois le prétexte de m'attarder là plus longtemps, pensez-vous, ne devrait pas en être un aujourd'hui pour, en passant sous silence tous ces détails insignifiants, ne pas aborder immédiatement le sujet principal de ma narration.

*
* *

Certainement, mon cher lecteur, je me mets à votre place et je comprends votre impatience parce que je sais combien je deviens agaçant ; mais, accordez-moi encore quelques instants, et ne vous fâchez pas, je vous prie. D'ailleurs, quant au sujet principal de ma narration, nous y touchons ; et il est même très-probable, croyez-le bien, que si j'eusse agi dans le sens de votre désir, cette narration n'aurait pas lieu d'être ou, du moins, devrait se terminer là brusquement.

*
* *

Oui, il y avait quelque chose d'extraordinaire, sinon dans la présence, au moins dans l'attitude de cet homme, et aussi dans les quelques paroles entrecoupées qu'il laissait échapper comme un trop-plein qu'il lui était impossible de contenir. En un mot, ce monsieur paraissait singulièrement affecté.

*
* *

Il gesticulait en marchant, faisant de temps à autre, un moulinet, une volte, avec une canne vernie qui, comme point d'appui, me sembla d'abord tout à fait inutile ; car, eu égard à cette jambe de bois, je dois dire qu'avec son âge et son agilité notre personnage pouvait très-bien s'en passer.

*
* *

Il gesticulait, il se parlait à lui-même en marchant, ainsi que je l'ai dit déjà; toutefois, je dois lui rendre cette justice qu'il agissait en cela avec une certaine modération qui n'excluait point chez lui les avantages d'un parfait bon sens; je dirai même d'une assez bonne instruction, si j'en juge d'après les dernières syllabes qu'il venait de prononcer, les seules que j'aie pu recueillir. Elles étaient à peu près celles-ci : — *Ah! par exemple!... Mais c'est à n'y pas croire!...* Ensuite, quatre ou cinq mots grecs ou latins dont l'articulation correspondait à peu près à ceci : — *Alle-luia,* — *Deo gratias...* Quatre ou cinq mots étrangers dont, je l'avoue humblement, la traduction française m'était absolument inconnue.

*
* *

Ce galima-*tias* était-il l'effet du désespoir, de l'indignation? Etait-ce au contraire l'effet d'un sentiment opposé? A-t-il froid aux pieds?...

Je ne pouvais rien augurer de précis à cet égard et cette dernière conjecture surtout me semblait inadmissible par les nombreux degrés de chaleur qui, on se le rappelle, nous pesaient sur le sang à dix heures du matin ce jour-là, et ce qui n'eût eu aucun rapport, du reste, avec les passes fréquentes qu'il exécutait et les paroles françaises qu'il avait prononcées.

***

Or, comme c'eût été de ma part une indiscrétion impardonnable que d'aller accoster ce respectable inconnu pour m'enquérir des motifs de l'agitation à laquelle je le voyais livré, je décidai de l'épier afin de surprendre au passage s'il était possible, et dans les termes du monologue qu'il avait repris, quelque chose de plus explicite, quelque chose qui, en somme, pourrait être un aperçu des renseignements que j'allais chercher sur la situation actuelle.

***

Au lieu d'une, j'avais même deux raisons maintenant pour me retrancher, me dissimuler derrière mes ifs, car un nouveau regard que je jetai furtivement dans la direction opposée me fit découvrir un autre individu qui, marchant en sens inverse, venait à la rencontre de celui-ci. Je jugeai à leur allure à peu près mesurée, autant qu'à la distance à peu près égale que l'un et l'autre avaient à parcourir, que ces deux voyageurs viendraient se croiser devant moi. J'allais donc pouvoir me livrer, à leur insu, à une innocente observation, pour le moins, de leur physique respectif.

Innocente!... j'ai dit tout à l'heure *innocente* observation... j'avouerai néanmoins que ce procédé ne me sembla pas d'abord emprunté d'une civilité puérile et honnête irréprochable..... Mais personne ne me voit, pensai-je, et qui le saura si jamais je n'en dis rien? Après tout, est-ce que chacun n'est pas libre aujourd'hui de chanter ou d'agir à son gré? Et d'ailleurs, ne suis-je pas chez moi?

Devant cette dernière objection tous mes scrupules s'évanouirent comme par enchantement, et je me mis aussitôt en devoir de pratiquer une petite embrasure dans l'étoffe de mon rideau pour y braquer en temps opportun deux yeux indiscrets.

Le premier est mis d'une manière assez recherchée;... tenue bourgeoise. Le second, en tenue de laboureur, n'est que proprement vêtu.

C'est ainsi qu'à mesure que leurs pas se faisaient entendre plus distinctement, je faisais moi de mon côté, certaines remarques sur le costume de nos deux personnages, et, comme vous allez le voir, des conjectures plus ou moins fondées sur l'individualité, la situation, particulières à chacun d'eux.

* * *

Ainsi, j'augurai du premier qu'il devait être un commerçant ou un employé quelconque résidant à Paris, et à qui le mauvais état des affaires commerciales donnait des vacances dont il profitait pour venir respirer l'atmosphère pure de la campagne, ou bien encore, un rentier fixé à la campagne, revenant de Paris où il était peut-être allé la veille en vue de toucher le montant échu de ses coupons d'obligations.

Dans l'un ou l'autre cas, il devait être descendu à la station des *Muriots*, d'où, quelques minutes auparavant, l'arrivée d'un train-omnibus descendant m'avait été signalée par ce roulement infernal avec lequel nous nous sommes peu à peu familiarisés, et que domina pendant deux ou trois secondes le sifflet d'avertissement qui annonce ordinairement quelques instants d'arrêt prochain.

Dois-je noter aussi, à cette occasion, les sons perçants, un peu plus mélodieux, d'un autre sifflet depuis longues années attaché à la station?... Si oui, j'ajouterai qu'à l'arrivée du train, l'artiste dont je veux parler attaqua *les Pompiers de Nanterre*, et qu'au moment où il se remit en marche, il quitta précipitamment *les*

Bottes à Bastien — qu'il ne fit qu'entonner, d'ailleurs, — pour envoyer aux voyageurs un air de parfaite circonstance, sinon de parfaite exécution, lequel s'intitule : *le Chant du Départ*...

En entendant jouer cet air longtemps proscrit du *Chant du Départ*, je fus conduit directement à prendre en pitié tous les aveugles de la France, fort nombreux à cette époque si l'on en juge d'après le recensement qui en avait été fait dans la première huitaine du mois de mai précédent...

*
* *

Quant à l'autre voyageur, il était modestement vêtu, nous le savons. Je jugeai, à son costume, qu'il pouvait être un bon cultivateur de la contrée, comme moi, peut-être, en quête de nouvelles favorables.

A l'égard du premier, on verra bientôt que j'avais deviné juste en supposant qu'il habitait Paris. Quant au second, à mesure qu'il approchait davantage, je sentais, en le regardant à plusieurs reprises, s'accroître en moi la certitude de l'avoir rencontré maintes fois dans ces parages... Si ce n'est lui, c'est quelqu'un qui lui ressemble.....

*
* *

Mais, tout à l'heure, peut-être saurons-nous mieux à quoi nous en tenir à ce sujet, car nous allons les voir de plus près.

En effet, les voici ! Ils s'approchent... ils sont sur le point de se croiser, selon que je l'avais prévu.

*
* *

Tiens !... tiens... Mais ils ne se croisent pas du tout... Ils vont directement l'un vers l'autre au contraire, et même avant de s'accoster, ils se souhaitent réciproquement le bonjour, en s'appelant par leurs noms respectifs que je regrette bien d'avoir oubliés.

Aussitôt échangé, ce souhait se trouve cimenté par une cordiale poignée de mains suivie de l'inévitable : Comment *tallez*-vous ?...

Après s'être acquittés l'un envers l'autre des civilités d'usage touchant la santé de leurs proches, et dont le détail quoique très bref cependant, serait inutilement reproduit ici, notre cultivateur aborda la grande question, la question brûlante du jour :

— Que sait-on de nouveau à Paris ? demanda-t-il, sachant sans doute que celui à qui il s'adressait ne venait pas d'ailleurs.

— Tenez ! lui fut-il répondu.

Ce disant, notre Parisien lui présentait négligemment deux journaux qu'il venait de tirer de la doublure de son paletot.

*
* *

Ces deux feuilles furent saisies avec empressement par notre cultivateur, qui, avant d'en lire seulement le titre, proposa :

— Si vous n'étiez pas trop pressé, monsieur, je vous demanderais de nous asseoir un moment afin que je puisse faire lecture à loisir de ce qui nous intéresse le plus. Figurez-vous que depuis deux ou trois jours je n'ai point vu de journaux ; et, en vérité, il circule depuis hier soir, par ici, des bruits si alarmants, si inquiétants, que j'éprouve un besoin pressant d'être rassuré, c'est-à-dire de les voir démentis.

*
* *

Sur un signe d'assentiment, notre cultivateur jeta quelques regards de droite et de gauche, comme pour choisir un emplacement convenable, après quoi il se dirigea à pas précipités... vers le lieu où je demeurais confiné... Je le vis descendre dans le fossé pour venir s'adosser sur un coin de mon tapis, au versant du talus opposé à celui que j'occupais moi-même de l'autre côté.

Evitant de faire le moindre bruit, je m'empressai alors de prendre dans mon calepin une large feuille de papier, blanche, avec l'intention de ne pas laisser perdre un mot de ce que j'allais évidemment entendre lire.

Entre-temps le journal s'ouvrait et notre Parisien prenait place sur le gazon auprès de l'ami dont il venait de faire la rencontre.

Après s'être inclinés un peu l'un vers l'autre, la lecture commença, et, ainsi que je l'avais prévu, à haute et intelligible voix ; car, je dois le dire, notre cultivateur était du petit nombre de ceux qui lisent assez bien.

*
* *

Daté du 5 septembre, ce journal, qui devait être le dernier numéro qui parut sous le titre de *Journal Officiel de l'Empire Français*, publiait, par ses premières dépêches, la triste affaire de Sedan.

Mais il y avait en tête du journal — l'ouverture que je m'étais ménagée me permettait de le distinguer — il y avait, dis-je, précédant ces dépêches, une proclamation au peuple français, écrite en très gros caractères et signée de l'impératrice-régente et de tous les membres du cabinet. Cette proclamation, conçue en termes fort touchants, confirmait notre désastre de manière à en atténuer l'importance et à dissimuler les circonstances honteuses dans lesquelles il s'était produit, comme de raison, mais en même temps à ne laisser subsister aucun doute à cet égard.

*
* *

Il me revient aussi en mémoire qu'à ce passage de la proclamation où nos Excellences faisaient appel au courage et au patriotisme de tous les sujets de Leurs Majestés, notre lecteur, s'interrompant lui-même, souleva un incident qui mérite peut-être d'être rapporté :

— Ah çà ! mais, qu'est-ce que c'est que le patriotisme ? demanda-t-il. — Je vois depuis quelque temps ce mot-là partout, excepté dans le vocabulaire de l'Académie où je ne crois pas l'avoir jamais rencontré.

— Il doit y être pourtant, répondit son auditeur en souriant. Le patriotisme, mon cher monsieur, continua-t-il, est un noble sentiment qui est bien près de s'éteindre en nous; mais, comme un peuple ne peut guère vivre sans cela, on veut le ranimer aujourd'hui en en parlant à tout propos. Je crois cependant qu'il eût mieux valu ne pas le laisser s'affaiblir ainsi.

Un moment de silence succéda à cet exposé vague, singulier, relatif à la définition du mot patriotisme, exposé que notre laboureur ne paraissait pas avoir bien compris lorsqu'il continua sa lecture.

*
* *

Il était dit en outre, dans cette proclamation, que l'Empereur avait été fait prisonnier avec quarante mille hommes...

Mais ici notre lecteur fut vivement interrompu par son auditeur.

— Lisez quatre-vingt mille, monsieur, et vous

serez encore de dix ou quinze mille au-dessous de la vérité.

— Comment cela ? lui fut-il répondu, avec un léger ton de mauvaise humeur ; il me semble que j'y vois clair. Il s'agit bien ici de quarante mille, pas un de plus ni de moins.

— Il s'agit *ici*, c'est possible, mais veuillez remarquer que c'est officiel ce que vous lisez là.

— Eh bien ! raison de plus... Est-ce que vous croyez que l'*Officiel* ne sait pas compter ?

— Assurément, monsieur, le *Journal Officiel* sait compter ; mais vous ignorez, il me semble, qu'en ce qui touche les nouvelles de ce caractère, il n'avoue depuis le commencement de cette campagne mémorable que la moitié tout au plus de la vérité, hormis cependant qu'il ne juge convenable de publier un mensonge complet.

*
* *

Notre lecteur ne répliqua pas, mais il demeura silencieux et sembla réfléchir pendant quelques instants. Puis, se ravisant tout à coup :

— Mais !... Sedan !... Sedan !..... exclama-t-il, mon fils doit être de ce côté ! La dernière lettre que je reçus de lui était datée, je crois, du camp de Châlons.

— C'est possible, ajouta flegmatiquement notre Parisien.

Après avoir fait cette douloureuse réflexion au sujet de son fils, notre lecteur devint pensif de l'air d'un pénitent qui fait son examen de conscience, et je le vis, comme saisi d'un accès nerveux, diriger violemment sa main fermée contre sa poitrine.

***

Quant à l'effet qui, par suite de cette lecture, se produisit dans l'attitude de notre autre personnage, je dois à la vérité de dire qu'il ne fut pas appréciable. Je conclus de son apparente indifférence qu'il avait déjà lu et relu ces nouvelles terrifiantes, et que, s'il n'en était affecté alors que d'une manière imperceptible, c'était parce que l'heure des premières émotions était passée. Ce fut ainsi que j'interprétai d'abord cette prétendue insensibilité. Toutefois, je ne tardai pas à m'expliquer ce fait autrement, car, ce qui fut dit ensuite me démontra bientôt que l'opinion politique et respective de nos deux amis devait les disposer à recevoir de ce même coup des impressions différentes.

***

Sous le coup de nouvelles si terribles, notre lecteur, ainsi que je l'ai déjà dit, était resté pensif, mais il fut tiré de ses rêveries et rappelé à la question par son auditeur qui, en lui touchant légèrement le bras, lui dit d'un ton ironique et malicieux, en même temps qu'il lui désignait de l'autre main le second journal :

— Lisez maintenant celui-ci, monsieur; vous y trouverez, j'aime à le croire, d'autres détails qui vous mettront un peu de baume dans le cœur.

L'autre journal s'ouvrit alors, mais sans empressement de la part du lecteur, lequel paraissait désespérer d'y trouver une compensation en rapport avec le désastre que nous venions de subir.

*
* *

Cet autre journal était *le Siècle*. J'en pus lire le titre par l'ouverture que je m'étais pratiquée.

*
* *

Daté du 6 septembre, les nouvelles que contenait ce journal avaient l'avantage d'être plus fraîches que celles publiées par l'*Officiel*. Outre que *le Siècle* confirmait de tout point ce que son confrère avait dit, il reproduisait plus au long ce dont il n'avait donné qu'un abrégé, en y ajoutant, de plus, quelques commentaires intéressants.

*
* *

Mais, par-dessus tout, ce journal publiait des nouvelles de la plus haute importance politique auxquelles j'étais loin de m'attendre. Ces nouvelles avaient trait à la révolution du 4 courant, immédiatement suivie de la proclamation de... la RÉPUBLIQUE!... En entendant prononcer ce mot, je fis un soubresaut, un malheureux soubresaut qui faillit trahir ma présence, car je vis aussitôt nos deux amis plonger leurs regards vers mon gîte. Mais, grâce à mon rideau, je ne fus pas découvert. Persuadés sans doute qu'un reptile quelconque était cause de ce léger bruissement qui avait éveillé leur attention, je les vis bientôt attaquer de nouveau la grosse question.

Evidemment ces honorables citoyens m'avaient pris pour un reptile dont ils crurent n'avoir rien à craindre... Tout en les blâmant de cette imprudente confiance, attendu qu'il faut en toutes circonstances se tenir en garde contre les créatures de cette espèce, je ne puis que leur pardonner de bien bon cœur leur méprise à mon égard. Quand on sait qu'une foule de reptiles sillonnent toutes les circonscriptions de la France, n'était-il pas tout naturel de supposer qu'il pût s'en rencontrer un dans celle-ci? Mais, revenons à nos brebis...

Comment?... La proclamation de la République!! J'en restais stupéfait, et pendant un moment je doutai d'avoir bien compris; toutefois, je fus bientôt convaincu.

*
* *

C'en était donc fait du régime impérial !...

L'Empereur s'était rendu aux Prussiens, et l'empire n'avait pas fait à une poignée de Français l'honneur de la moindre résistance ! N'est-ce pas ici qu'il convient de placer quelques-unes des paroles de notre Parisien en disant avec lui : *C'est à n'y pas croire !*

J'avoue que je me fis en ce moment une singulière idée de ce gouvernement que l'on disait être si fort et si courageux.

*
* *

C'est aussi à partir de ce moment, je crois, que je m'en voulus d'avoir introduit quatre mois auparavant dans l'urne plébiscitaire un *non* abhorré du pouvoir, au lieu du *oui* qu'il sollicitait avec tant d'instance. Et j'ai bien lieu de m'en vouloir, certes, quand je songe que si tous les *oui* eussent été des *non*, l'Empire subsisterait peut-être encore, et que si tous les *non* eussent été des *oui*, il se fût, au lieu de traîner encore quelques mois, affaissé immédiatement sous le poids d'une satisfaction générale.

*
* *

Bref ! pour en revenir à nos deux amis, disons qu'ils n'envisagèrent pas du même point de vue ce nouvel état de choses. Celui-ci, — le lecteur, — en redoutait les conséquences, tandis que celui-là qui, d'auditeur, se faisait peu à peu interlocuteur, paraissait être convaincu — il s'appliquait à le démontrer d'ailleurs — qu'il ne pouvait que nous être extrêmement favorable, attendu, disait-il, « que la situation, alors très-mauvaise, très-critique, n'était plus guère susceptible d'être *empirée* désormais. » Et au sujet de cette dernière assertion, je remarquai qu'il appuya malicieusement sur le mot que j'ai souligné.

Mais cette émission, que j'accueillis moi-même d'une approbation mentale, fut reçue par des marques de désespoir et de profond mécontentement de la part de notre lecteur qui riposta, lui, par une dénégation énergique tendant à affirmer que la situation était au contraire sérieusement « empirée » ; ce à quoi notre Parisien ne répliqua rien.

Quant à moi, je ne pus m'empêcher de sourire en voyant qu'il s'agissait, sur ce point, d'un quiproquo que notre laboureur ne saisissait pas.

Après ce léger incident, dans lequel il remporta l'avantage de parler le dernier, je le vis de nouveau fixer les yeux sur le journal, mais, à mon grand désappointement, il ne me fut pas donné d'entendre la suite, car ce fut pour lui seul que, pendant quelques instants encore, il en continua la lecture, s'interrompant de temps à autre pour tirer des profondeurs de son estomac quelques soupirs significatifs.

Le reste, d'ailleurs, ne pouvait être que de bien mince importance comparativement à ce qui avait été lu. Néanmoins, un nouveau sujet d'étude m'était encore soumis : pendant ces quelques instants, l'attitude différente de nos deux amis fut pour moi l'objet d'une observation attentive d'après laquelle je pus m'assurer qu'il en était un qui, décidément, ne partageait pas les sentiments politiques ni le profond désespoir de l'autre.

— J'en sais assez... j'en sais trop maintenant, dit enfin notre lecteur en pliant avec précipitation le journal. Guerre désastreuse, révolution, et pour comble, République ! La France est perdue ! !

— Non, monsieur, lui fut-il aussitôt répondu, la République la sauvera.

— Votre République n'a pas trois mois à vivre ; ses jours sont comptés.

— Ne vous faites pas cette douce illusion, s'il vous plaît. La République est une forme de gouvernement qui joint à beaucoup d'autres avantages celui d'une bonne Constitution. Son tempérament est solide, et, croyez-moi, ses jours seront nombreux. Au surplus, l'assassinerait-on pour la troisième fois qu'on ne l'anéantirait pas à jamais. On ne ferait que précipiter la France dans de nouvelles complications monarchiques à la suite desquelles nous la verrions ressusciter encore.

— Oh ! vous croyez cela ?

— J'en suis persuadé... En tout cas, quant à présent il n'y a pas lieu pour moi de désespérer du salut de notre Patrie... De la capitulation de Sedan, sachez-le bien, sont nées deux victoires dont la plus grande est celle qui nous est restée. Notre nouvelle révolution est une victoire morale et sans tache, qui, une fois de plus, donne raison à cet axiome latin : *Sine virtute et justitia nihil stabit...*

— Qu'est-ce que c'est... qu'est-ce...

— Ce qui veut dire qu'un gouvernement qui ne se fonde pas sur la vertu et la justice ne saurait être durable.

L'autre victoire, par les conséquences qui s'ensuivront, deviendra un fardeau pesant pour le vainqueur, un fardeau dont il ne pourra se décharger et sous le poids duquel il finira par succomber, hormis que la mort ne vienne l'en affranchir pour le transmettre à son successeur qui en sera à son tour accablé.

* * *

Parmi nous on estimait les rois trop au-dessus de leur valeur réelle ; aussi, en proclamant la République, la France vient du même coup de mettre à leur juste prix, le monarque prussien et le monarque français :

Quoi ! cette France si prospère ! Elle ne daigne faire aucune proposition ! Elle n'offre pas quelques pistoles, quelques thalers, en vue de racheter son empereur qui se fit la capture volontaire de l'ennemi, témoignant par là que lui-même ne s'estimait guère.

Ah ! c'est que depuis François 1er, il faut en convenir, les temps sont changés ! On ne croit plus aujourd'hui généralement qu'un monarque soit un fonctionnaire indispensable duquel dépendent le bien-être et la prospérité d'une nation, tandis qu'on rencontre par-ci, par là, quelques personnes douées d'une certaine perspicacité politique, qui prétendent que monarques et prétendants ont quelquefois réussi par leurs intrigues à créer une véritable calamité publique chez différents peuples.

En résumé, nous devons, il est vrai, regretter les innocentes et nombreuses victimes que ce désastre nous a coûtées ; nous devons plaindre également le sort des quatre-vingt mille prisonniers dont le concours précieux, dont le concours dévoué nous est enlevé, seulement, nous devrions, il me semble, nous réjouir un peu de ce que, parmi ces derniers, il s'en trouve qui ne nous ont jamais été d'une bien grande utilité.

— Prétendez-vous dire par là qu'ils furent gênants ? interrompit notre laboureur.

— Nous l'admettrons si vous le voulez bien.

— Voudriez-vous me dire qui sont ceux dont il s'agit en cela ?

— Comment ! vous ne le devinez donc pas ?

Je prenais plaisir à entendre ce dialogue, mais je compris aussitôt, d'après le ton qui lui était donné, qu'il ne pourrait se continuer longtemps sans s'envenimer.

En effet, cette dernière riposte fut suivie d'un moment de silence ou de réflexion après lequel notre laboureur répondit :

— Ah ! oui, je comprends... cela ne m'étonne pas, au surplus. Depuis longtemps on connaît votre opinion politique ; chacun sait dans cette contrée que vous êtes un rouge !...

Une rupture aussi violente dans la forme qu'irrespectueuse dans les termes, me parut inévitable après une semblable apostrophe. Celui qui l'avait proférée dut le penser de même, car il s'était en même temps levé avec quelque précipitation pour s'esquiver.

*
* *

Mais quelle ne fut pas ma surprise en voyant qu'il n'en serait point ainsi que je l'avais prévu.

*
* *

Avant qu'il eût fait un pas, notre laboureur était saisi au bras par son antagoniste, qui, en même temps qu'il le tirait doucement afin de l'amener à reprendre sa position ainsi que lui-même avait conservé la sienne, lui dit, avec une modération que j'admirai, la seule qui puisse convenir à un homme bien civilisé et chez lequel les convictions politiques sont invariablemeut fixées :

— Monsieur, vous venez de prononcer un blasphème.

— Je vous répète que je ne suis point seul de cet avis ; j'en suis fâché pour vous, mais je sais ce que je dis, Dieu merci, et je le maintiens.

Après cette nouvelle affirmation de l'insulte qu'il venait de commettre, notre laboureur tenta encore de s'éloigner, mais ce fut en vain, son antagoniste ne lâcha pas prise.

En tout cas, ce cher homme n'était pas d'un rouge vif... je puis vous l'assurer ; et ce ne fut pas sans étonnement que je l'entendis répliquer, toujours sur le même ton et avec un calme imperturbable :

— Eh bien ! puisqu'il en est ainsi, apprenez, monsieur, — et faites-en part à ceux de vos amis qui l'entendent comme vous — que les opinions, politiques ou autres, variant à l'infini, selon les cas qui se produisent, selon les questions qui se soulèvent, sont bonnes ou mauvaises en raison de ce qu'elles sont justes ou fausses, qu'elles sont, en conséquence, susceptibles de recevoir une qualité, mais qu'on ne saurait jamais, avec quelque peu de bon sens, leur attribuer une couleur quelconque. Il n'y a guère que ceux qui manquent d'arguments sérieux pour les réfuter, ou qui sont dépourvus d'instruction ou d'intelligence qui leur permette de se livrer à un examen consciencieux, éclairé de ces questions, qui puissent les définir, les condamner toutes en bloc, ainsi que vous venez de le faire vous-même d'une manière à la fois si injurieuse et si insuffisante. Vous n'êtes pourtant pas de ceux-là, vous, j'en suis certain ; j'en suis certain, je le répète, car je ne veux tenir aucun compte de la fâcheuse expression dont vous vous êtes servi, il y a un instant...

Cédant moins à l'influence d'une légère et respectueuse attraction qu'à l'autorité de cette attitude calme et digne dont son antagoniste ne s'était pas départi, notre cultivateur s'adossa de nouveau comme fasciné par cette fière et ferme contenance dont j'étais moi-même émerveillé, bien différente assurément de celle qu'on eût été en droit d'attendre d'un honnête homme qui eût dû se sentir — il me le semblait — cruellement outragé.

*
* *

Quelques moments de froid silence succédèrent à ces observations, à ces explications préliminaires qui furent ici comme une escarmouche précédant une grande attaque; après quoi, le *rouge*, reprenant la parole, poursuivit..... ou plutôt commença, toujours sur le même ton et avec cette impassibilité que nous lui connaissons, ce que nous sommes convenus d'appeler :

UN SERMON POLITIQUE

Long sermon que j'ai cru devoir diviser en plusieurs chapitres, lesquels ont été découpés aussi en un certain nombre de versets, afin que le sens et la portée de l'ensemble soient plus facilement saisis par le lecteur.

L. A.....

UN

SERMON POLITIQUE

.....Je ne vous cacherai pas, mon cher monsieur, que vos sentiments politiques me paraissent s'être sérieusement modifiés depuis une vingtaine d'années, je veux dire qu'ils me semblent diamétralement opposés à ceux que je vous connus alors.

Aujourd'hui ils ne sont, paraît-il, que médiocrement sympathiques à ce genre de gouvernement qui a nom *République*.

Pourquoi cela? Et d'où vient ce changement de front? Il s'agit là d'une conversion qui doit avoir une *raison* d'être, et dont il importe de bien connaître les motifs déterminants; or, ces motifs, je ne désespère point de les découvrir.

Mais d'abord : Pourquoi cette répulsion si énergique que vous venez de manifester? Vous ne devez pas ignorer pourtant que la République des Etats-Unis d'Amérique et la République Helvétique, notre voisine, — pour ne citer que ces deux-là — pourraient servir de modèles, sous une infinité de rapports, à tous les gouvernements monarchiques du monde entier. Vous devez également savoir que ces deux peuples qui ont adopté cette forme de gouvernement depuis très-longtemps déjà, ne songent nullement aujourd'hui à y substituer une souveraineté monarchique, royale ou impériale. Ces deux considérations ne vous obligent pas, j'en conviens, à désirer la République pour vous-même, mais ne suffisent-elles pas pour vous faire comprendre qu'un peu plus de respect lui est dû? Le respect! Voilà ce que je demande de vous, dès à présent, en faveur de la République, à raison seulement des considérations qui précèdent. Tout à l'heure nous verrons si vous lui devez autre chose.....

— Ah! çà, si c'est un *sermon*, une leçon de morale politique que vous voulez me faire là, interrompit notre laboureur, je crois devoir vous prévenir que je n'en ai pas besoin...

*
* *

— Peut-être, mais qu'importe? Veuillez, je vous prie, m'écouter attentivement; vous n'avez, dans tous les cas, rien à risquer. Si je vous dis, par exemple, quelque chose qui soit vrai, qui soit juste, vous le mettrez en mémoire pour en faire votre profit; et si, au contraire, ce qu'il me reste à vous dire vous paraissait injuste ou pernicieux, vous pourrez toujours, en le mettant de côté, n'en rien faire du tout. Je ne prétends nullement vous imposer, je désire seulement vous exposer ma manière de voir, relativement à plusieurs questions de premier ordre auxquelles nul n'a le droit d'être indifférent, questions que viennent agiter dans mon esprit les circonstances actuelles. D'ailleurs, placé comme je le suis sous le coup de l'épithète peu flatteuse dont vous venez de me gratifier, vous ne trouverez pas extraordinaire, je suppose, que j'aie le désir de vous donner quelques explications ayant pour but de me réhabiliter à vos yeux, explications que vous ne dédaignerez pas d'entendre, j'aime à le croire.

De mes sentiments, de mes convictions politiques, vous jugerez vous-même, et vous en jugerez autrement, je l'espère, quand vous les connaîtrez mieux; mais, ce dont je puis vous assurer d'avance, c'est que, dans l'exposé que je veux vous en faire, vous pourrez trouver quelque chose à reprendre, mais rien qui soit susceptible d'être barbouillé, soit en rouge, en bleu, ni en noir.

*
* *

Ainsi, pour en revenir à nos moutons, vous n'avez pas oublié assurément que la République a déjà été acclamée, proclamée en

France deux fois..... deux fois et une petite; en 1789 et en 1848..... De la petite nous ne parlerons guère afin de ne pas trop vous indisposer.

*
* *

En 1789, — c'est l'histoire qui nous le dit — de nombreux milliers de citoyens, après avoir répondu à son appel avec un empressement vertigineux, ont versé leur sang pour la République. Quelques mots, un cri d'alarme avait suffi pour les mettre debout, les armer et les rendre invincibles. *La Patrie est en danger!* proclama-t-on un jour, et la Patrie se couvrit d'ardents défenseurs.

Nul doute qu'il y avait autre chose qui les poussait au-devant des armées ennemies, ces généreux volontaires, que la fantaisie de se soumettre à l'épreuve des fatigues, des souffrances, des privations inénarrables qui naissent inévitablement de ce qu'on appelle *des Campagnes militaires*, et au cours desquelles ils devaient, pour la plupart, trouver la mort sans avoir eu la consolation de goûter les douceurs de cette liberté pour laquelle ils s'étaient volontairement sacrifiés.

Considéré ainsi, ce rôle n'aurait eu rien de bien séduisant sans doute! Or, quoi donc pouvait leur communiquer cette irrésistible impulsion? Quoi? La haine de l'oppression, l'amour de la justice, de l'indépendance, étaient quelques-uns de ces nobles sentiments qui enflammaient ces phalanges héroïques, ces phalanges immortelles, heureuses de mourir pour la Patrie et pour la postérité. Oui, pour la postérité du peuple, pour nous enfin ; car, qui a recueilli les fruits de leurs efforts gigantesques, sanglants? Ne sont-ce pas les générations qui leur succédèrent?

Soit que l'on consulte l'histoire sur les faits qu'elles ont accomplis ou que l'on compare au temps passé le temps présent, par rapport à la condition qui est faite à chacun, on s'affermit de plus en plus dans cette conviction : que nous ne nous acquitterons jamais envers elles du tribut de reconnaissance que nous leur devons.

N'est-ce pas à ces phalanges de la République que nous sommes redevables de n'être pas courbés aujourd'hui sous le joug d'un pouvoir despotique, d'une autorité féodale, que l'on abhorre généralement et qu'elles ont à jamais détruits? De plus, n'ont-elles pas combattu avec un constant succès les cohortes étrangères? Et après les avoir chassées de la France, ne les ont-elles pas toujours tenues à une distance respectueuse de ses portes?

*
* *

Tenez, quoi que vous en disiez, je me refuse

croire que vous puissiez concevoir une aversion bien sérieuse, bien profonde pour la république ; ou alors, si cette aversion existait dans de telles conditions, il me semble qu'elle ne se justifierait guère. Non-seulement, quelles que fussent même les conditions dans lesquelles cette aversion pourrait se produire, je vous démontrerai qu'elle ne se justifierait pas, par cette raison bien simple : qu'on ne pousse pas ordinairement l'ingratitude jusqu'à ce point de haïr mortellement, même un tant soit peu, un régime auquel on doit ce qu'on possède de plus cher.

*
* *

Ainsi, je suppose, je tiens pour certain même, que vous avez en mémoire l'histoire de notre pays, notamment ces pages où elle montre la situation qui était faite à nos aïeux avant 1789.

Avant cette date mémorable, l'agriculture, l'industrie, le commerce étaient, pour ainsi dire, nuls, comparés à l'immense développement qu'ils ont acquis depuis. Que de merveilles, que de progrès se sont accomplis depuis ce jour où le peuple, ne pouvant plus tenir dans ses entraves, les a brisées par un suprême effort ! Et que de merveilles et de progrès s'accompliront encore, —et que de bien-être en résultera, — quand il lui sera donné de jouir de toutes ses libertés légitimes !

*
* *

Antérieurement à cette grande époque, vous l'avez lu ou entendu dire par des témoins oculaires dignes de foi, nos ancêtres étaient bien malheureux. Leur nourriture grossière se composait en principal de pain noir ; avec cela, rien de bien délicat, de bien succulent. Leurs vêtements étaient faits d'une grosse toile que les riches faisaient teindre en bleu. Une paire de sabots peints en noir était une chaussure élégante ; une paire de souliers était considérée comme une chaussure de luxe. Quelques sous étaient le salaire quotidien d'un bon ouvrier... Du reste, il serait superflu d'en dire davantage à ce sujet, car nous savons, vous et moi, quel était le degré de bien-être matériel des populations avant cette époque. Il suffit.

***

Aujourd'hui, comparez, sous ces différents rapports seulement, le présent avec le passé, et, si vous ne trouvez pas comme moi que les principes gouvernementaux et administratifs de l'ancien temps furent des obstacles trop longtemps insurmontables, dites-moi pourquoi la France, pendant tant de siècles écoulés, n'avait pu acquérir le bien-être qu'elle s'est créé depuis sa première révolution ?

C'est qu'aussi, avant cette époque, le gibier saccageait les récoltes, et ce gibier, vous le savez, il n'était pas permis d'y toucher. Quiconque osait enfreindre les lois, sous la protection desquelles il était placé, avait à rendre à la justice du temps, c'est-à-dire au seigneur de l'endroit, un compte sévère de ce méfait, qu'il expiait ordinairement d'une manière cruelle.

Naturellement, il résultait non moins d'une surveillance active que de l'application de peines rigoureuses à l'égard des délinquants, que le gibier avait, en ce temps-là, un droit illimité de parcours et de pâture, droit dont il usait largement en dévorant à belles dents la nourriture du peuple, la modeste récolte de votre grand-père !...

*
* *

Il est vrai que, si nous envisageons maintenant l'état actuel des choses, nous ne serons certes pas tentés de crier victoire, et que nous ne nous ferons pas illusion jusqu'à nous imaginer que tout est pour le mieux et qu'il ne reste plus rien à désirer aujourd'hui sous ce rapport ; mais il nous semblera, par exemple, que, si l'on peut signaler, combattre, amoindrir les abus, il est bien difficile souvent, dans la plupart des cas, et notamment dans celui-ci, de les supprimer, de les anéantir d'un seul coup. En effet, nous remarquons que ces abus donnent encore, par-ci, par-là, quelques signes de vie, en dépit de l'ardeur avec laquelle on a travaillé à les détruire, en dépit de tous les assauts qu'ils ont eu à soutenir. De sorte que le changement qui, depuis 1789, s'est produit à ce sujet, n'est pas un changement radical mais conservateur...

Ainsi, pour le cas dont il s'agit, un aperçu minuscule nous est *conservé* de ce qu'il devait en être de ce pillage effréné auquel les mœurs, les lois du temps passé donnaient la plus libre carrière. Aujourd'hui encore — permettez-moi cette digression — quant au gibier qui vient se repaître sur vos champs, n'est-ce pas pour d'autres que vous l'engraissez, dédaignant de faire annuellement le sacrifice de vingt-cinq francs pour acheter la permission de le chasser. Et si, parfois, l'occasion vous est offerte de faire entendre de justes réclamations, motivées par les déprédations, les délits qu'a pu commettre sur votre propriété le gibier sacré de puissants voisins, comment ces réclamations sont-elles accueillies par vos petits seigneurs? Comment ces réclamations sont-elles accueillies par vos petits tribunaux? Elles sont accueillies d'une manière dérisoire, d'une manière *révoltante.*

Voyez-vous, monsieur, quoique j'habite la ville, je ne suis pas indifférent ni étranger aux affaires de la province ; et, en ce qui touche celles-ci, permettez-moi de vous dire que je sais un peu ce qui se passe, ce qui se fait sur la lisière de certains domaines qu'avoisinent les nombreuses parcelles de nos petits cultivateurs.

Maintenant, je vous le demande, de quel gouvernement devez-vous attendre la juste satisfaction d'être à jamais débarrassé des nombreux lapins qui rongent actuellement vos emblavures, ou du moins indemnisé des dégâts qu'ils y ont commis, sinon de ce gouvernement qui nous débarrassa autrefois des troupeaux de sangliers qui, quelquefois, les dévastaient, les dévoraient entièrement ?

Voilà donc un peu déjà, si je ne me trompe, de ce que vous avez reçu du gouvernement de la République, et un peu aussi de ce que vous devez en attendre encore. Comme vous le voyez, le respect ne suffit déjà plus : le peu que vous avez le droit d'en attendre doit disposer votre cœur à l'espérance, et ce peu — selon moi de grande importance — que vous en avez reçu, le doit disposer non-seulement au respect, mais à la reconnaissance. L'Evangile dit : Semez et vous recueillerez ! Non ! il n'en était pas ainsi alors : Les puissants seigneurs, de concert avec les bêtes fauves, faisaient mentir cette éternelle maxime.

*
* *

Avant 1789 les espèces monétaires..... Ah ! je vous vois sourire... Aurais-je toucher la corde sensible?... Les espèces monétaires, dis-je, n'étaient pas aussi abondantes que de nos jours, ce qui obligeait beaucoup de modestes locataires à acquitter en nature tout ou partie des arrérages qu'ils devaient aux propriétaires, à raison des terrains qui leur étaient affermés.

J'ignore dans quelle proportion l'on donnait à l'Etat à titre de contributions, mais nous savons qu'outre les receveurs du fisc, il y en avait d'autres favorisés de larges immunités et jouissant, usant d'un droit étrange de perception. Le prêtre prélevait la dîme sur ce que le gibier avait laissé aux laborieux cultivateurs !

Toutefois, cet impôt qui pesait lourdement sur les robustes bras du paysan, pesait plus encore sur son esprit, à cause de sa destination vexatoire. Le produit de cet impôt servait à entretenir l'Eglise, disaient ces percepteurs. Je crois, moi, que l'Eglise n'avait pas besoin de cet entretien-là; et je crois aussi ce que d'autres ont affirmé depuis, à savoir : que cet impôt était destiné à enrichir les monastères, et à sustenter une foule innombrable d'une certaine classe de gens des deux sexes, qui allaient y chercher un refuge contre le travail et la misère, et qui pouvaient, avec cela, vivre aux dépens du travailleur, dans l'oisiveté et la *débauche*.

Je me garderai de rien affirmer cependant, quant à cette condition de leur existence, relativement à la conduite plus ou moins irréprochable de ces messieurs et de ces demoiselles. Je n'ai voulu faire une mention légère de l'assertion défavorable dont leur manière de se comporter est devenue l'objet et des critiques auxquelles ils ont donné prise, que pour avoir l'occasion d'ajouter que, si cette assertion et ces critiques sont injustes, elles se sont diablement accréditées. Maintenant, s'il est vrai, ainsi que me le disait récemment un de mes amis, qu'il n'y a pas de feu sans fumée... Vous comprenez.

Quant à vous, prenez-en, laissez-en ce que vous voudrez, cela m'est indifférent. Pour ce qui est de moi, soyez certain que je ferai de sérieux efforts pour me persuader qu'un membre d'une congrégation quelconque, que tous ces prétendus apôtres de la religion ne sauraient se conduire autrement que selon les préceptes évangéliques ; seulement, — je vous en préviens — je ne vous garantis pas que j'y puisse parvenir. — Mais, en attendant, s'il ne nous en coûtait pas trop d'admettre, par exemple, qu'il en fût réellement ainsi qu'on l'a dit, croyez-vous, monsieur, qu'un merci serait de trop pour la Républiqne, pour la Révolution, qui auraient fait cesser en grande partie ces scandales et ces abominables coutumes ? Je dis *en grande partie* seulement, car je m'imagine qu'il en est de ces abus ainsi que de ceux dont je vous ai parlé il y a un instant et de tant d'autres dont je ne vous dirai rien.

*
* *

Enfin, pour couper court à toutes dissertations sur ces questions délicates, disons que le peuple était alors bien malheureux. Et pourquoi le peuple était-il malheureux? Parce qu'il était ignorant, parce qu'il n'était pas libre.

Qui pourrait le contester? Qui ne voit dans ces raisons la cause capitale de son état misérable, languissant? Qui oserait prétendre que l'accroissement du bien-être général ne s'est pas produit à mesure qu'il nous a été permis, ou plutôt que nous avons pu, malgré les obstacles, faire des progrès dans ce sens?

Et néanmoins, une lutte qu'on croirait devoir être perpétuelle n'en est pas moins engagée au sujet de ce qui est et de ce qui doit être.

Qui l'emportera? Il n'est pas difficile de le prévoir.

II

En voyant cet antagonisme qui souvent devient criminel et qui a toujours existé, semble-t-il, entre les conservateurs et les progressistes, entre ceux qui veulent marcher en avant et ceux qui prétendent nous faire rétrograder ou pivoter sur place, j'ai quelquefois cherché sincèrement et de bonne foi ce qu'il pourrait être utile de conserver, ou s'il ne serait pas sage de stationner ou d'opérer un mouvement rétrograde; mais ce fut toujours en vain. La mutabilité de toutes choses m'a toujours paru une règle éternelle, universelle, à laquelle sont soumises également toutes mesures législatives, administratives ou autres, susceptibles d'être prises; de sorte que ma conclusion sur cette question a été constamment : Qu'il est dans l'ordre naturel que les anciennes lois, les vieux habits, les anciens règlements, les vieux galons, soient supprimés, ou qu'ils subissent des transformations comme les anciennes demeures et les vieux quartiers, qu'ils soient modifiés, abrogés, raccommodés, restaurés, à mesure qu'ils vieillissent ou que le besoin s'en fait sentir. Maintenant, si vous n'êtes point de mon avis, il ne me reste plus qu'à vous faire observer qu'il en a été invariablement ainsi depuis que le monde existe.

*
* *

Nous avons un monceau de lois vieilles, surannées, qu'iront grossir, soyez-en persuadé, la plupart de celles qui nous régissent actuellement.

Parmi ces millions d'articles dont l'enfantement a été souvent bien laborieux, et qui mordont ou que dévore aujourd'hui la poussière, nous en voyons de tous les genres. Il y en a qui sont comiques, d'autres qui sont sérieux ; si d'aucuns prêtent à rire, il en est aussi qui font tressaillir d'horreur. Nous en chercherions inutilement qui convinssent à nos mœurs et à notre époque. Toutes ces lois, aujourd'hui abrogées, qui ont eu leurs jours de vigueur ou de rigueur, n'étaient donc que provisoires? Assurément! et il n'y a rien en cela qui doive nous étonner, car, qu'est-ce qui n'est pas dans ces mêmes conditions et appelé à subir le même sort?

*
* *

Beaucoup de ces lois ne sont pas arrivées ni tombées toutes seules; il a fallu quelquefois lutter avec ardeur, soit à la tribune, par la force oratoire, ou dans la rue, par la force des armes, pour les établir d'abord, ensuite pour les anéantir et leur en substituer de meilleures. Maintenant, en égard à ces lois qui consacraient une infinité d'abus et qui sont tombées sous les coups d'une lutte sanglante, il n'est que trop juste, il me semble, de mettre tous les torts du côté de ceux qui les ont défendues. Et pourquoi? direz-vous. Eh! mon Dieu! Par la raison bien simple que ces lois n'existant plus, nous avons moins lieu de le regretter que de nous en réjouir.

*
* *

S'il faut à l'homme, à mesure qu'il grandit, de nouveaux vêtements qui conviennent à sa taille, il en est de même d'un peuple chez lequel tout se développe, intelligence, industrie, agriculture, commerce, etc... Il faut à ce peuple des libertés plus amples, de nouvelles lois, qui répondent à ses besoins, à ses aspirations, à ses exigences légitimes, qui favorisent, au lieu de les entraver, toutes les tendances qu'il accuse de grandir et de s'émanciper.

Il n'est nulle mère qui ne comprenne le devoir qui lui incombe d'exercer sans relâche son enfant à marcher, à babiller. Elle s'acquitte de cette tâche avec toute la persévérance qu'elle exige, s'applaudissant des progrès qui s'accomplissent par ses soins, entrevoyant avec une douce satisfaction le jour où elle pourra l'abandonner à lui-même et s'entretenir avec lui de choses sérieuses.

Combien n'avons-nous pas à regretter qu'en opposition à une si louable sollicitude, un certain nombre de personnes choisies, ayant une mission analogue à remplir envers la France, semblent s'inquiéter de ses progrès, s'ingénient à les entraver ou à les combattre et ne songent qu'à lui remettre ses anciennes lisières et son premier corset !

C'est pourtant de cette contradiction, qui

trahit l'application d'un système politique mal entendu, que naissent nos révolutions, que naissent aussi nos républiques qui deviennent, paraît-il, le seul gouvernement légitime qu'elles reconnaissent et se plaisent à instituer.

*
* *

Chaque révolution nouvelle qui s'accomplit, n'est rien autre chose, à mon sens, qu'une revendication violente — tous moyens amiables ayant été préalablement, inutilement épuises — de droits usurpés, de libertés confisquées, et ne peut en conséquence avoir pour but qu'une meilleure gestion des affaires publiques. Proclamer ensuite la République qui, seule, semble offrir à cet égard les garanties désirables, exigibles, est une manière éloquente de dire aux pilotes, après chaque nouvelle catastrophe, qu'on prétend se passer d'eux. Il n'y a rien que de très-naturel en ce qu'une fraction du peuple, voyant à chaque instant méconnaître ou mépriser la liberté, la justice, l'équité, comprenne la nécessité des réformes, et il le serait beaucoup moins, il me semble, d'en voir une autre témoigner de l'indifférence en présence d'une foule d'erreurs ou d'abus qui, sans en avoir l'air, compromettent la fortune, le bien-être, la prospérité du pays en menaçant de plus l'existence de chacun.

*
* *

En parlant un langage qui n'est pas assez compris, les révolutions nous donnent aussi de terribles leçons dont on ne tient pas assez compte. Ce langage, ces leçons, ne sont pas stériles pourtant, mais il semble qu'elles le soient pour quelques-uns quand l'on considère que les gouvernements monarchiques, qui depuis quatre-vingts ans se sont succédé après avoir été tour à tour renversés par la révolution, se sont bien moins occupés — quand ils rentraient en possession du pouvoir — d'accéder aux désirs légitimes du peuple, de satisfaire à ses besoins, de faire droit à ses réclamations, que de reconstituer leur autorité sur les anciennes bases, en s'entourant d'un surcroît de mesures tendant à empêcher à l'avenir de nouvelles tentatives insurrectionnelles, tentatives qui n'en finirent pas moins tôt ou tard par se produire et triompher malgré toutes les précautions qu'ils aient pu prendre. Par l'application constante du même système, ils obtinrent fatalement les mêmes résultats, c'est-à-dire qu'ils préparèrent eux-mêmes, pour un avenir plus ou moins prochain, une révolution nouvelle et une jeune République devant lesquelles il ne leur restait plus qu'à fuir à l'étranger pour se mettre à l'abri de toute atteinte.

N'est-ce pas là l'histoire abrégée de nos derniers monarques?

*
* *

Croyez-vous, monsieur, qu'une révolution serait possible si les gouvernements ne lui créaient pas des raisons d'être? Car, n'est-ce pas en effet dans ces raisons d'être qu'un mouvement révolutionnaire trouve ses éléments de succès, son unique point d'appui?

Croyez-vous que les principaux membres d'un gouvernement déchu s'empresseraient de passer à l'étranger pour se soustraire au ressentiment du peuple, s'ils avaient la conviction de l'avoir bien servi? Non!

Tenez! Quand un gouvernement procède en dehors de la justice et de l'équité, il arrive bientôt — nous en avons vu l'expérience se renouveler plusieurs fois — à ameuter contre lui de nombreux mécontents qui, à un moment donné, se soulèvent pour le renverser. Or, comme il est incontestable qu'on ne s'insurge pas contre des faits équitables, il est de toute évidence qu'une situation semblable faite à un gouvernement, démontre la nécessité d'en instituer un nouveau et justifie dans une certaine mesure toute tentative dans ce but.....

— Tout ce que vous venez de dire prouve que vous êtes un révolutionnaire, interrompit notre cultivateur.

— Quelle fausse idée vous vous faites de mon caractère, et quelle singulière manière avez-vous d'interpréter mes paroles! répliqua sèchement notre narrateur. Tenez, ajouta-t-il, je suis si peu ce que vous dites qu'en vous signalant tout à l'heure les causes principales de nos révolutions je vous indiquais en même temps les moyens de les prévenir.

On ne fait pas une révolution par plaisir ; on ne va pas de gaîté de cœur risquer sa vie dans des combats fratricides. Quand les masses s'agitent dans le but d'en finir avec un pouvoir, c'est que ce pouvoir est devenu insupportable, c'est qu'il les a exaspérées, provoquées par ses fautes. Donc, les révolutionnaires avérés, ceux qui le sont le plus, ne sont pas ceux que vous pensez, ne sont pas ceux, sachez-le, qui s'arment et combattent pour renverser un gouvernement, ce sont ceux qui, appelés à constituer ce gouvernement, n'ont su que le faire abhorrer, qui ont agi de manière enfin à faire désirer la révolution, à la rendre inévitable, nécessaire.

Quoi qu'il en soit, je vous prie de croire, monsieur, que je plains également toutes les victimes de nos discordes civiles, à quelque côté qu'elles appartiennent. Par cette raison, vous voudrez bien vous convaincre alors que je ne suis point un révolutionnaire, du moins dans le sens que vous donnez à cette expression. Car, il ne faut pas oublier qu'il y en a d'une infinité de nuances et qu'il y a de nombreuses distinctions à faire sur ce point. Il serait aussi injuste, en effet, de confondre ensemble les uns et les autres, que de croire que ceux qui le sont le moins ne le sont pas du tout.

Tel qui ne se croirait point révolutionnaire, se verrait quelquefois bien près de le devenir, ou l'est presque toujours sans s'en douter.

Vous-même, par exemple, subiriez-vous avec une parfaite soumission, subiriez-vous, sans mot dire, le rétablissement de l'ancien régime ayant pour bases les anciennes lois, les décrets *poudreux* que la révolution de 1789 a détruits? Seriez-vous un témoin passif, une victime résignée des nombreux abus dont ces lois ou ces décrets autorisaient la consommation? Je ne le crois pas. Je crois, au contraire, que vous ne tarderiez pas à faire des vœux ardents pour l'avénement, coûte que coûte, d'un nouveau et meilleur système gouvernemental, ou que, si votre *tempérament* vous le permettait, vous n'hésiteriez pas à contribuer de votre personne, en un mot à prendre part à une action insurrectionnelle ayant pour but de l'obtenir. Or, en égard à ces prétendus révolutionnaires que vous ne vous faites pas faute de haïr et de flétrir, peut-être, sans être moins juste, seriez vous plus indulgent pour eux, si vous songiez que vous pourriez comme eux le devenir, si vous aviez les raisons qu'ils ont eues pour l'être.

*
* *

Une révolution n'est point l'œuvre d'un jour, comme vous pourriez vous l'imaginer, ni l'œuvre d'un parti quelque puissant qu'il soit ; c'est l'œuvre de plusieurs années de mauvais règne pendant lesquelles la mesure des injustices, des abus, des maladresses, a fini peu à peu par s'emplir complétement, et, quand ce degré est atteint, un rien suffit, vous le savez, pour la faire déborder.

En agriculture, on juge, en voyant pousser les feuilles, que l'été est proche. En politique, on juge également qu'une révolution est proche, quand on voit se multiplier à l'infini les sottises de l'administration publique et d'un pouvoir trop absolu.

*
* *

Comme une feuille sèche, un fruit mûr, une branche morte, les monarques, quand ils se sont ainsi usés, tombent en quelque sorte d'eux-mêmes.

Bien que vous vous extasiiez sur la bonne qualité de ses fruits, vous avez constaté, en cueillant ceux de votre pommier l'autre jour, qu'ils étaient pour la plupart plus ou moins entichés. Avec votre bon sens agricole vous regrettiez de ne les avoir pas récoltés plus tôt. Eh bien! c'est de même avec un peu de bon sens politique qu'on s'aperçoit que les fruits de l'Empire sont détestables. Quant à la conclusion de cette métaphore, elle est que : votre pommier, qui est un arbre susceptible de produire des fruits excellents, doit être et sera *conservé*, mais que l'Empire, qui, comme toutes les monarchies d'espèces différentes, est quelque chose comme un arbre dont les fruits ne sont nullement exquis, vient d'être, par une nouvelle application de la parabole évangélique, jugé, condamné, coupé et jeté au feu. Que voulez-vous? l'Empire est tombé par suite de ses fautes. Il a commencé par un crime, il devait finir par un désastre.

Requiescat in...

— Encore!... vous savez bien que je ne comprends pas ce jargon.

La révolution qui s'est accomplie hier, si toutefois on peut appeler ainsi cette paisible mutation, est une révolution d'un genre exceptionnel, qui prouve au moins que les révolutionnaires ne sont pas toujours cruels et qu'ils ne sont pas exclusivement guidés par un excessif amour de la lutte. Et, s'il est vrai, comme il le paraît, qu'il n'y ait à regretter aucune effusion de sang, ne trouvez-vous pas, dans le peu de résistance que l'Empire opposa pour prolonger son existence, la mesure vraie de sa force et de sa popularité. Point de fusillades, ni d'arrestations ni de proscriptions ! En vérité, même à ses adversaires, la République doit sembler bonne, car ils n'ont pas toujours eu autant d'égards pour elle.

*
* *

Malheureusement, il n'en est pas toujours ainsi. Par exemple, les choses ne se sont pas arrangées aussi facilement lors de notre première révolution. De part et d'autre il y avait des hommes dévoués non jusqu'au péril, mais jusqu'à la mort inclusivement. Il s'agissait comme hier d'en finir avec un gouvernement usé, espèce de vieil édifice qui menaçait ruine. Or, la question était de savoir si cet édifice serait étayé et reblanchi, ou démoli et reconstruit sur un nouveau plan et sur un plus grand modèle. Sur cette question une lutte affreuse, qui fut non moins sanglante pour les vainqueurs que pour les vaincus, s'est engagée entre ceux qui voulaient le *conserver* et ceux qui voulaient le faire disparaître, l'anéantir entièrement.

*
* *

Mais, brisons là-dessus, car il nous importe beaucoup moins de nous intéresser aux faits qu'aux résultats acquis ; et c'est en considérant ces résultats que je vous avouerai franchement pour mon compte, au risque de vous paraître un ardent ou dangereux révolutionnaire, qu'il était urgent que cette révolution se fît. Et, quant à vous qui n'avez cessé de recueillir aussi votre part du bien-être général qui s'est produit depuis sans avoir éprouvé la moindre des peines qu'elle a coûtées, je m'expliquerais difficilement que cette révolution vous parût inutile. Cela serait étrange en vérité, et pour vous en donner la preuve palpable, il me suffira de vous faire observer que vous ne pourriez défendre sur ce point votre opinion sans vous montrer prêt à faire abandon de ce que vous possédez, sans manifester en même temps le regret de n'être plus soumis aux lois de l'ancien régime et de porter sur vos épaules la chaise d'un nouveau seigneur. Est-ce que par hasard vous seriez disposé à subir tant d'humiliation ? Est-ce que vous voulez bien renoncer à ce que vous possédez ? Est-ce que vous regrettez le bon vieux temps et les lois de l'ancien régime ? S'il en est ainsi, vous êtes logique dans votre opinion politique, mais s'il en est autrement, c'est-à-dire si, comme moi, vous avez le passé en horreur, surtout ne le dites pas, car il pourrait en ressortir en vous certaine disposition politique que vous ne vous connaissez pas.

Entre nous, ne serait-ce pas vous montrer, en effet, quelque peu révolutionnaire vous-même que d'approuver en cela la révolution, à laquelle vous reconnaitriez devoir ce que vous considérez comme les plus grands avantages?

***

Tenez, monsieur, entre nous soit dit, il n'était point inutile, il n'était point trop tôt que la révolution vînt mettre un terme à cet état d'aveuglement, de servitude, d'ignorance, d'abrutissement, auquel nos ancêtres étaient réduits et auquel nous serions voués nous-mêmes aujourd'hui s'ils n'avaient pas eu le courage et la force de nous en tirer.

En somme, qu'a-t-elle fait cette révolution de quoi vous ayez à vous plaindre? Que n'a-t-elle pas fait, au contraire, de quoi vous n'ayez à lui rendre grâces?

Aussitôt à l'œuvre, elle se hâta de réprimer les abus de toutes sortes dont le peuple avait à souffrir, et sous le poids desquels votre grand-père et le mien étaient courbés, abâtardis, avilis. Nous, leurs fils, qui allons aujourd'hui recueillir la moisson dans les champs où il ne leur était pas toujours permis d'aller glaner, qui sommes devenus propriétaires de nombreux manoirs où ils allaient tendre la main, nous siérait-il de reprocher à nos pères d'avoir été trop courageux, d'avoir combattu à outrance ceux qui les avaient pendant si longtemps asservis? Nous siérait-il de leur reprocher d'avoir secoué avec trop de violence le joug qui leur fut imposé avec tant de rigueur, ce joug qu'ils ne voulurent point nous léguer et auquel il nous répugnerait certes de soumettre nos tendres échines ?

***

Nous avons lieu de regretter, il est vrai, que, pour jeter les bases de son œuvre de justice et de réparation, cette révolution n'ait pu s'opérer à l'amiable comme celle d'avant-hier; car, il faut le reconnaître, cette révolution a été sanglante, a été horrible. Mais pourquoi en a-t-il été ainsi? Evidemment parce que la résistance qui lui fut opposée. au lieu d'être à peu près nulle, fut désespérée; parce que cette lutte qui était née des prétentions extrêmes des partis en présence, s'animait de plus en plus en raison des causes sérieuses qui en prolongèrent le cours ; parce que, enfin, elle se traduisait entre les combattants par une réciprocité de représailles dans lesquelles ne se trouvèrent sacrifiées de chaque côté que des victimes *innocentes*. Hélas ! oui, que des victimes innocentes, je le répète, et veuillez me permettre de m'exprimer ainsi, car, dans la situation d'esprit où je me trouve, ou plutôt du point de vue où je me place pour apprécier les faits d'un inculpé quelconque, je vous avouerai que jamais je n'ai pu me rendre compte au juste de ce qu'on appelle vulgairement un coupable..... Si je me reporte, pour établir mon jugement, de l'effet à la cause, il arrive que, le plus souvent, je me sentirais volontiers disposé à voir l'auteur véritable d'un acte déplorable dans une autre personne que celle qu'on accuse. Et, s'il se rencontre parmi nous des êtres voués au mal et dont la naturelle brutalité ne permet pas qu'ils soient humanisés, je m'en prends à notre nature imparfaite et, au lieu de les maudire et de les exécrer, je plains leur sort misérable.

*
* *

Bref! pour en revenir à notre révolution, — laquelle, croyez-le bien, ne sera point entièrement achevée tant qu'il subsistera en nous des passions, des imperfections morales, ou parmi nous quoi que ce soit qui nécessite une réforme bienfaisante, — que de fois, avant cette phase sanglante de 1789 que l'on considère à tort comme son origine, que de fois, dis-je, n'avait-on pas demandé de ces réformes de nature à améliorer la condition du peuple? Mais, dans la crainte de diminuer le prestige d'une autorité autocratique, ou pour tout autre motif injustifiable, cette autorité se refusait à faire la moindre concession. Toute proposition tendant à donner un à-compte de satisfaction était repoussée par un *non-possumus*. On annulait par un *veto* toute disposition législative contraire aux vues d'un pouvoir arbitraire. On fit enfin tout ce qu'il fallait faire, non pour apaiser le peuple, le rendre docile et respectueux, mais pour l'irriter et le rendre encore plus impérieux dans ses exigences... Et c'est ainsi que, pour éviter un danger imaginaire, on courait à un danger réel.

En résumé, qu'eût-il pu résulter de plus terrible que ce qui est résulté, si, au lieu de résister d'une manière systématique aux idées de toute espèce de progrès, on les eût admises, et si on en eût favorisé l'expansion, la réalisation? Que serait-il arrivé de plus fâcheux si, au lieu de faire taire le peuple, ce qui est à peu près impossible, on eût pris le sage parti de l'écouter? Ah! pourquoi faut-il que cette dure leçon ait été stérile pour les pouvoirs monarchiques qui ont succédé! Tous n'ont-ils pas commis en effet cette même faute de faire obstacle par toutes sortes de petits moyens, au courant du progrès politique, lequel les a, néanmoins, successivement bouleversés?

Quand se produisent dans l'opinion publique de nouvelles idées économiques visant un accroissement du bien-être social ou une juste satisfaction qu'il importe toujours d'obtenir, il est extraordinaire que ces gouvernements singuliers soient naturellement disposés à prendre l'épouvante. Sans se donner même la peine d'examiner de sang-froid ces idées, ces nouvelles prétentions, afin de s'empresser d'y faire droit si elles sont justes, ils semblent ne s'inquiéter que du nombre d'adhérents qu'elles sont susceptibles de rallier. Or, comme matériellement ils se trouvent être les plus forts, les hostilités commencent, je veux dire que la persécution s'exerce, que la répression devient plus active, rigoureuse, implacable et même cruelle au lieu de se modérer, à mesure que la cause, que les idées, qui au fond sont excellentes, acquièrent de plus grandes chances d'un prochain succès. Mais l'inquiétude populaire s'accroît, le danger, le péril deviennent imminents, le choc, inévitable ; l'industrie chôme, la misère sévit, la haine prend naissance, s'accentue et se manifeste à l'égard de ceux-ci ou de ceux-là pendant ces courtes périodes de transition qui s'écoulent d'une révolution à l'autre, et, quand vient le jour où ces idées triomphent, où s'établissent, fonctionnent les principes qui en ont été l'objet, chacun s'en trouvant bien, on se demande de quelle nécessité il était d'en empêcher la réalisation par une opposition insensée, renforcée de mesures injustifiables.

*
* *

D'après ce qui s'est passé, on devrait être convaincu que, tôt ou tard, en matière politique, les aspirations légitimes finissent par s'imposer, qu'on ne sollicite pas toujours en vain, et qu'on obtient par la violence ce qui est refusé à de justes et respectueuses suppliques. Telle était d'ailleurs la situation avant 1789.

Le peuple, jusque-là le très-humble serviteur du pouvoir, de la noblesse et du clergé, venait d'arborer un étendard sur lequel était écrit ce mot : *Liberté.*

Pour ses anciens maîtres ce drapeau fut un épouvantail. Ceux qui osèrent réclamer des droits qui nous sont définitivement acquis et que peu de personnes songent à nous ravir, à nous contester aujourd'hui ; ceux-là, dis-je, furent considérés, non comme des hommes qui, au nom de la justice, ne demandaient que ce qui leur était dû, mais comme des vagabonds, des perturbateurs qu'il fallait faire rentrer dans le devoir, comme des forcenés qu'il importait d'incarcérer et aux yeux desquels, au lieu d'un étendard de conciliation, ou, si vous l'aimez mieux, d'un drapeau parlementaire, on agitait une camisole raccommodée qu'ils ne voulaient plus revêtir.

*
* *

Après avoir éprouvé plusieurs graves échecs, — ce qui compromit sérieusement sa cause, — le pouvoir, à l'instigation de la noblesse et du clergé qui tenaient à conserver leurs vieux privilèges, une autorité absolue et respectée, ne dédaigna pas de recourir à des moyens que l'honneur national ne saurait admettre en aucun cas. Plutôt que de laisser s'accomplir librement des réformes politiques nécessaires, tellement nécessaires qu'il nous semble maintenant qu'on ne pourrait s'en passer, on fit appel à l'étranger, espérant qu'avec ce concours puissant on pourrait du moins combattre avec avantage et les ajourner indéfiniment.

En de semblables circonstances invoquer l'intervention des puissances étrangères, ce n'était rien moins que jeter du pétrole dans le brasier révolutionnaire qu'on prétendait éteindre.

Les gouvernements étrangers dont le devoir était de ne pas répondre à de si criminelles sollicitations, prirent fait et cause pour le gouvernement, pour la noblesse, contre le peuple. Ils se jetèrent armes et bagages dans ce conflit qui prit dès lors des proportions épouvantables ; et, par suite, nous payâmes fort cher les uns et les autres le tort qu'ils eurent de se mêler de nos affaires intérieures dans le but de restaurer l'autorité d'une foule de petits despotes dont le règne ne pouvait s'accommoder que d'un temps qui n'était plus.

*
* *

Dans cette lutte gigantesque, nos succès militaires ont étonné le monde; mais, s'il n'y a jamais lieu de s'enorgueillir de ces succès sanglants par lesquels tous les peuples se sont tour à tour *distingués*... moins encore y a-t-il lieu de s'en réjouir, car c'est une guerre bien déplorable que celle où l'on voit, pour le bon plaisir de quelque monarque et de quelques intrigants qui se tiennent le plus souvent éloignés du danger, s'entre-déchirer des hommes qui n'ont en réalité aucune raison de le faire, qui, ayant au contraire les mêmes désirs de bien-être, les mêmes besoins d'une plus grande liberté, les mêmes affections de famille, ne demanderaient qu'à vivre en paix et à se tendre la main.

Quoi qu'il en soit, malgré tous les efforts qu'on a faits pour le consolider, le vieux régime est tombé, tombé pour ne jamais se relever, espérons-le.....

— Concluez, je vous prie, car je suis en retard, fit observer notre laboureur qui témoignait d'une certaine impatience.

— Ah ! vous êtes en retard... oui, je le savais ; mais attendez encore un peu, s'il vous plaît... Si vous perdez de l'avance d'un côté, vous en gagnerez peut-être d'un autre.

Après cette riposte, notre auditeur fit preuve de bon sens et de modération.

— Alors, continuez, dit-il en se résignant ; votre remarque, si elle n'est pas flatteuse, me fait entrevoir une compensation, cela me suffit.

*
* *

..... Enfin, continua notre narrateur, si la révolution a proclamé les droits de l'homme, c'est la République qui les a définis; or, vous qui n'êtes point de *noble* origine, vous qui êtes roturier, plébéien, selon l'acception familière de ces mots, comment se fait-il que vous abhorriez la République qui, de serf vous a fait homme, qui d'esclave vous a fait libre, qui de rien vous a fait citoyen, en vous conférant la dignité et les droits afférents à ce titre?

De ces avantages que vous possédez aujourd'hui, vous semblez ne faire aucun cas, vous semblez n'y attacher aucun prix, ne sachant pas ce qu'ils ont coûté à acquérir et ce que l'on souffre d'en être privé; cependant, si vous voulez vous donner la peine de les apprécier à leur juste valeur, vous tiendrez sans doute à les *conserver*, ce qui vous fera songer au devoir qui vous est imposé, d'adresser un nouveau témoignage de gratitude au gouvernement de la République duquel vous les tenez, et d'honorer la mémoire des révolutionnaires qui vous les ont conquis.

*
* *

III

Nous n'avons pas à consulter l'histoire ni les souvenirs de nos pères pour nous entretenir de la révolution de février 1848 : notre mémoire nous suffit; et, pour justifier ce que j'ai dit touchant votre adhésion à la nouvelle doctrine dont vous êtes devenu un ardent adepte, un fervent néophyte, il n'est besoin que de l'interroger.

Ainsi, ne vous ai-je pas vu à cette époque accueillir vous-même avec joie l'avénement de cette nouvelle République que vous reniez aujourd'hui? Votre enthousiasme était même poussé si loin que vous vous seriez volontiers mis en quatre pour planter l'arbre de la Liberté. J'ai remarqué aussi permettez-moi de vous le rappeler que vous fûtes assez obséquieux sur le choix d'un sujet et que vous eûtes quelque peine à en trouver un qui fût assez droit, assez gros, assez grand, parmi tous ceux d'une certaine pépinière forestière que vous connaissez bien.

Radieux, vous assistiez à la transplantation et à la bénédiction de ce symbole de la Liberté, et, pendant les deux ou trois années qu'il a vécu, vous n'avez cessé de l'admirer et de suivre avec intérêt les progrès de sa végétation. Non-seulement, ce symbole était devenu si cher à votre cœur que vous ne vous êtes pas soumis de bon gré à l'arrêt qui en ordonnait la destruction. Oui, vous avez voulu en garder un souvenir vivant, et, à cette fin, ne vous ai-je pas vu un jour, à l'exemple de plusieurs autres, détacher du tronc de cet arbre, alors qu'il gisait à terre, un rameau que vous emportâtes triomphalement pour le planter, disiez-vous, en un coin de votre jardin. Ah ! c'est un arbre qui a été, il faut en convenir, bien chanté, bien choyé, bien arrosé de vin et d'eau... bénite. A en juger par les manifestations sympathiques dont il était l'objet, on eût pu croire, n'est-ce pas? qu'il serait mieux défendu le jour où il fut condamné à disparaître.

Cependant, qu'il soit bien entendu que je me borne en cela à m'étonner de cet état d'abandon dans lequel on l'a laissé, car, en somme, je regrette fort peu qu'il n'existe plus. Ce n'est pas d'arbres que nous avons besoin. D'ailleurs, ces arbres ne sont rien de plus que des idoles politiques aux pieds desquelles il me semble qu'on sacrifie toujours quelqu'un ou quelque chose, aux pieds desquelles il me paraît tout à fait inutile de se prosterner ou d'établir le sanctuaire d'un culte particulier.

En ce qui a rapport à ces arbres, je vous déclarerai donc que je n'ai point le désir d'en voir planter de nouveaux. Je crois que beaucoup en jugent ainsi du reste, et que ces démonstrations ne devant plus être de notre temps, on s'attachera désormais plus à la chose qu'à ce vain symbole qui, croyait-on, la représentait, mais ne saurait assurément la remplacer ou en tenir lieu.

Mais pourquoi ce changement que je constate et qui s'est opéré en vous depuis cette époque? Voilà ce qu'il importe de savoir. J'aurai l'occasion de le découvrir tout à l'heure, je l'espère. Vos motifs sont secrets, je le sais; je désire qu'ils ne soient pas indignes. En tous cas, je doute qu'ils soient impénétrables.

*
* *

La révolution de 1848 a été la condamnation et l'exécution d'un système gouvernemental qui n'était pas perfectionné tant s'en faut, mais qui pourtant était moins mauvais que l'ancien.

A la place de ce système, elle en inaugura un autre qu'il ne nous fut pas donné de pratiquer ni bien ni longtemps. Elle ouvrait, en quelque sorte, une nouvelle voie qui nous fut bientôt fermée ou interdite, mais dans laquelle on pourrait croire que nous allons marcher à l'avenir.

*
* *

On dirait de cette révolution qu'elle n'a pas été stérile, n'eût-elle fait que proclamer cette devise caractéristique dans la signification de laquelle on vous a montré ou vous persistez à trouver, je ne sais par quel effort d'imagination en retard, un sous-entendu épouvantable, terrifiant.

Liberté! Egalité! Fraternité! De ces trois mots était formée cette devise, aussi belle qu'innocente, sous les auspices de laquelle se fondait pour la seconde fois cette indispensable République qui est toujours là pour succéder aux gouvernements monarchiques qui tombent en défaillance sous le poids des difficultés qu'ils ont fait naître et qu'ils sont incapables d'aplanir.

***

Cette devise, qui disparut en même temps que les arbres de la Liberté, croyez-moi, ne se composait cependant pas de mots creux.

A peine était-elle écrite sur nos drapeaux et gravée sur nos édifices publics qu'on en appliquait partout le principe. Une des premières décisions du gouvernement provisoire ne comportait-elle pas l'abolition de l'esclavage dans toutes les colonies françaises?

Tous les hommes sont égaux, disait cette devise qui à elle seule composait un programme politique admirable : égaux devant la loi, égaux par le suffrage universel, égaux par la possession et l'exercice des mêmes droits. Y avait-il, en cela, quelque chose qui fût contraire à la plus rigoureuse équité, ou de nature à troubler la paix publique ou le repos d'un bon citoyen?

Fraternité! Si chacun sait ce que ce mot enseigne et signifie, on ignore trop, peut-être, ce qu'il en coûte à l'humanité d'en répudier les principes. A mon sens, on ne saurait jamais trop le mettre sous les yeux des hommes pour leur rappeler, d'une manière permanente, ce qu'ils se doivent réciproquement. Et, je vous le demande, que devrait-on penser de celui qui, en étant offusqué, se permettrait d'effacer ce grand mot? Evidemment qu'il n'est pas animé du sentiment élevé dont il est l'expression.

*
* *

Je comprends très-bien que ces décrets qui n'ont pas occasionné un mouvement ascensionnel de seulement cinquante centimes sur les fonds publics ni sur vos sacs de blé ou de pommes de terre, aient été pour vous inutiles et que vous n'y ayez attaché aucune importance. Et c'est ainsi que, considérés comme n'en ayant réellement aucune, ils ont pu passer en quelque sorte inaperçus.

Mais il en est cependant, je puis vous l'affirmer, au profit desquels ces décrets ont été rendus, qui en ont gardé un souvenir profond, ineffaçable, et qui, chaque année, dans nos colonies, se font un plaisir, en même temps qu'un devoir, d'en témoigner leur reconnaissance par des démonstrations aussi bruyantes que sympathiques, hommages collectifs qui ne sauraient s'adresser qu'à la révolution, à la République et aux membres du gouvernement provisoire de cette époque — des révolutionnaires aussi, ceux-là — auxquels ils doivent leur affranchissement.

De l'authenticité de ce que je vous dis vous pourrez vous assurer de *visu* quand une fantaisie quelconque vous conduira en Algérie, et que le hasard fera que vous vous trouverez à Alger le jour où je m'y suis trouvé moi-même, c'est-à-dire le jour anniversaire de cette révolution.

A quelque point de la ville que vous soyez, il est certain que vous ne pourrez plus que moi résister au désir de voir ce qu'il se passe dans le quartier Bab-Azoun ou Bab-el-Oued, je veux dire que vous voudrez aussi vous rendre compte du tapage infernal qu'on y fait.

Conduit par une irrésistible curiosité, vous vous dirigerez en toute hâte de ce côté où vous vous trouverez bientôt en présence d'une troupe de nègres en goguette, lesquels sont précédés de ces musiciens enragés, nègres aussi, qui, en frappant de tout cœur sur le bontalon ou l'une contre l'autre, leurs énormes castagnettes de tôle, vous déchiraient plus cruellement le tympan, à mesure que vous en approchiez davantage.

Quand vous les aurez devant vous, ces nègres, serez-vous indifférent à leurs heureuses dispositions ? Pourrez-vous être témoin du bonheur qu'ils éprouvent d'être libres, sans le partager ?

Vous les voyez ! Parmi eux, les uns dansent, les autres rient ou chantent ; tous sont aussi joyeux qu'ils sont noirs... On croirait qu'ils sont libérés d'hier. Pourtant, un quart de siècle s'est écoulé depuis le jour où l'on promulgua le décret de manumission.

*
* *

L'audition de ces tapageuses aubades n'est agréable à qui que ce soit, car, à vrai dire, ces tambours et ces castagnettes, dont les sons réunis forment ce qu'on appelle le *tam-tam*, n'ont rien de mélodieux. Cependant, cette espèce de charivari est, pour les nègres, semble-t-il, un concert dont ils font grand cas, attendu qu'ils n'en prodiguent pas l'honneur à tous les habitants de la ville indistinctement. Les Français seuls y ont droit.

Dans le parcours des différents quartiers, de nombreuses haltes se font devant leurs magasins qui deviennent alors autant de stations où les nègres se font un devoir de venir chaque année faire aux Français l'hommage d'un *rinfòrzando* en reconnaissance de la liberté que nous leur avons donnée.

Il arrive toujours, en cette occasion, que le commerçant s'empresse de donner quelques *sordis* qui aideront à payer les frais de la fête, et afin de s'affranchir, lui aussi, au plus vite, de ce tintamarre assourdissant, sinon ces bons nègres lui feraient subir le supplice d'entendre jusqu'à la fin le morceau commencé, morceau qui joint à un vice de style, d'harmonie et d'exécution intolérables, celui d'être à peu près interminable. C'est ainsi que je l'ai jugé du moins.

*
* *

Enfin, quelle qu'elle soit en son genre, cette sérénade qu'ils accompagnent d'une gaîté franche, d'une gaîté folle, est sans aucun doute tout ce que peut inspirer de mieux, pour ceux qui en sont l'objet, le talent musical des nègres ; et, prise dans son ensemble, cette manifestation à l'adresse des Français a quelque chose dont vous serez ému, je n'en doute pas... Peut-être trouverez-vous aussi, dans ce témoignage de gratitude manifesté par les noirs, un exemple à suivre pour les blancs...

*
* *

Ensuite, ainsi que cela m'est arrivé à moi-même, si vous liez conversation avec un habitant de la ville auquel cette bruyante manifestation annuelle sera devenue familière, il ne faudra point vous étonner si, en vous désignant les plus âgés de ces nègres, il vous dit qu'ils ont vécu dans la servitude, que ce sont d'anciens esclaves enfin, qu'a rachetés la révolution.

Quant aux plus jeunes — vous le devinerez en conséquence de cette touchante révélation — c'est peut-être à un décret de la République qu'ils doivent le bonheur qu'ils éprouvent en ce moment de n'avoir pas connu l'esclavage, de n'avoir jamais été l'objet d'un honteux trafic. Oui, c'est à la révolution, ou plutôt à ceux qui l'ont faite ; c'est aussi à la République, à la France, qu'ils doivent peut-être de n'avoir pas été enfants, comme l'avaient été leurs semblables, chassés, traqués, pris vivants, ravis à leurs familles, arrachés à l'affection de leurs parents, traités comme des bestiaux, et, comme des bestiaux, vendus à l'encan, adjugés pour quelques douros sur la place d'Isly ou sur d'autres marchés de l'Afrique. Eh bien ! leur ferez-vous un crime maintenant d'aimer la révolution, les révolutionnaires et la République?

*
* *

Ordinairement les nègres n'ont pas de drapeau, je crois, pour célébrer leurs fêtes, cependant, pour célébrer celle-ci, ils nous ont emprunté le nôtre : vous remarquerez, en effet, que l'un d'eux tient entre ses mains un vieux tricolore. Vous pourrez le regarder, ce drapeau, mais veuillez n'y pas toucher, je vous prie ; je veux dire que vous ne devrez pas tenter de le prendre, attendu d'abord que ce ne serait pas poli de votre part, et, de plus, parce que celui à qui il a été confié ne serait sans doute pas disposé à s'en laisser déposséder.

Si j'ai dit tout à l'heure *vieux tricolore*, ce n'est pas que ce drapeau, qui n'a encore servi que vingt-deux fois, soit usé par le temps, c'est seulement parce qu'il va avoir bientôt vingt-deux ans.

*
* *

Si le temps est calme, ce jour-là, vous chercherez peut-être en vain pendant quelques instants à pénétrer de vos regards ces trois feuillets de soie, ces trois pages admirables — sans contredit les plus belles de notre histoire — afin d'y lire ce qui y est écrit.

Mais vous persisterez, vous attendrez, et bientôt vous vous sentirez ému, vous serez fier de notre nationalité, enfin vous vous trouverez honoré, sinon enrichi par *ma* République, quand, après quelques moments d'attente, une brise viendra du port, qui, agitant le drapeau, vous permettra de lire dans ses plis ondulés :

RÉPUBLIQUE FRANÇAISE.

Liberté, *Egalité*, *Fraternité*,

Abolition de l'esclavage,

24 février 1848

VIVE LA FRANCE.

***

Je ne sais au juste ce que vous en pourrez penser, monsieur, mais, à mon sens, ce spectacle en vaut bien un autre. Et ne vous semble-t-il pas aussi que cette victoire purement morale et humanitaire est une des plus belles que puisse remporter sur la barbarie un peuple à demi civilisé...

— Comment ! A demi civilisé ?...

— Oui, monsieur ; votre réclamation ne saurait me faire changer d'avis ni modifier en quoi que ce soit ma manière de voir à cet égard.

— Mais, enfin, le peuple français est un peuple civilisé?

— Il n'existe pas de peuples sauvages qui n'aient cette prétention.

— Ah ! c'est trop fort.

— C'est ainsi.

— Allons ! allons ! Ça va bien, continuez.

— Ne vous semble-t-il pas encore que ce drapeau qui n'est point ensanglanté est aussi glorieux qu'un autre qui le serait davantage et qui agiterait à nos regards cette inscription remémorative :

EMPIRE FRANÇAIS

Rome, Paris (2 décembre)

Puebla, Mexico,

Quéretaro, Mentana, Pékin,

Sarrebruck, Sedan, etc., etc.

J'en passe encore de bien belles, et j'ajoute deux *et cœtera* seulement, pour tenir lieu des victoires qui vont suivre, car je crois que la Prusse ne s'en tiendra pas là.

En ce qui concerne ces braves nègres auxquels je me plais à revenir, il ne faut pas vous imaginer que notre tâche soit terminée et qu'on ne puisse rien faire de plus en leur faveur. Non! il nous reste encore envers eux des devoirs à remplir.

Dans la situation nouvelle que la République de 1848 leur avait faite en naissant, elle les y laissa en expirant, et ils y sont restés pendant ces vingt dernières années. C'est dans cette situation que la République de 1870 les retrouve aujourd'hui.

Ne doutons pas qu'elle ne s'empresse à son tour de continuer une œuvre si bien commencée... Après en avoir fait des hommes libres, c'est à la République qu'il incombe, qu'il appartient d'en faire des citoyens éclairés.

Ainsi, c'est entendu, nous avons eu déjà deux républiques. D'après ce qu'elles ont réalisé, il n'est guère permis de douter, je crois, de leurs bonnes intentions au sujet de ce qu'il restait à faire. Malheureusement, leur existence fut éphémère, ce qui fit dire à beaucoup de personnes que la République ne peut s'acclimater en France, mais à quoi d'autres ont pu répondre, avec quelque apparence de raison et de bon sens, qu'elle s'y acclimaterait bien si on ne l'égorgeait pas.

Qu'est-il advenu d'Elles, en effet? Toutes deux n'ont-elles pas éprouvé le même sort? N'ont-elles pas été étranglées l'une et l'autre par les membres d'une même famille? La première, par celui qui, après avoir commis ce forfait, monta sur le trône sous le nom de Napoléon Ier; la seconde, par celui qui est en train de s'illustrer aujourd'hui sous le nom de Napoléon III.

* * *

Ces deux grandes infamies qu'en style politique on qualifie de la dénomination flamboyante de Coups d'Etat, mais que dans le style familier on qualifie autrement; c'est-à-dire d'une manière plus en rapport avec les faits, les procédés qui en ont favorisé la perpétration, ces deux grandes infamies, dis-je, ont-elles été, selon les vues de leurs auteurs, accomplies exclusivement dans les intérêts du peuple ou pour le réel accroissement du bien-être général ? Il nous serait encore permis d'en douter, même si les conséquences finales ne nous disaient actuellement ce qu'on en doit penser. Toutefois, ce qui est clair, ce qui est incontestable, ce dont on doit être convaincu sans faire un long examen, c'est que ceux qui en furent les auteurs directs en ont les premiers, et bien plus que nous, largement profité. Par suite de si brillants exploits, leur traitement annuel de quelques centaines de mille francs — qu'est-ce que cela pour servir sa patrie ? — se trouvait d'un seul coup porté à un chiffre de millions qu'il est permis d'ignorer cependant, attendu que l'*Officiel* ne l'a jamais fait connaître même approximativement.

Néanmoins, l'oncle aussi bien que le neveu n'avaient-ils pas prêté serment entre les mains des représentants de la nation ?

N'avaient-ils pas solennellement juré fidélité à cette République à laquelle ils devaient leur élévation et qu'ils se promettaient en secret d'immoler à leur criminelle ambition? Eh bien ! que s'ensuit-il moralement de l'exécution de leurs indignes projets, conçus, élaborés dans l'obscurité des intrigues et des conspirations, au moyen de quoi on se dirigeait pas à pas vers le fatal dénoûment? Rien que pour satisfaire une personnelle ambition, voici les actes que ces grands hommes ont osé commettre :

Ils ont violé la loi, ils ont violé leur serment, ils ont insulté la nation entière en expulsant, emprisonnant, mitraillant ses représentants issus du suffrage universel. Le neveu qui, en cette circonstance, paraît s'être encore mieux signalé que l'oncle, a fait de plus ramasser, juger, expatrier ceux qui, restés fidèles à cette constitution à laquelle il avait juré lui-même d'obéir, s'étaient acquittés du devoir civique qu'elle leur imposait de s'armer pour la défendre s'il en était besoin.

Un article de la constitution, — l'article 48, je crois — n'était-il pas ainsi conçu :

« Avant d'entrer en fonctions, le Président de la République prête, au sein de l'Assemblée nationale, le serment dont la teneur suit : *En présence de Dieu et devant le peuple français représenté par l'Assemblée nationale, je jure de rester fidèle à la République démocratique une et indivisible et de remplir tous les devoirs que m'impose la constitution.*» Et un autre, l'article 68, je crois, n'exprimait-il pas ceci : « Toute mesure par laquelle le président de la République dissout l'Assemblée nationale, la proroge ou met obstacle à l'exercice de son mandat est un crime de haute trahison. Par ce seul fait, le président est déchu de ses fonctions ; les citoyens sont tenus de lui refuser obéissance...»

Ecoutez encore le second paragraphe de l'article 109 : « L'Assemblée nationale confie le dépôt de la présente constitution et des droits qu'elle consacre, à la garde et au patriotisme de tous les Français. »

***

Maintenant, s'il est une manière différente, plus simple, plus juste, plus vraie de poser la question, je vous avoue qu'elle m'est inconnue.

En tous cas, ce que je viens de vous exposer nous suffit et nous permet de juger en parfaite connaissance de cause.

La main sur la conscience, prononcez vous-mêmes sur la nature ou plutôt sur le caractère de ces faits. Dites si vous en savez de plus odieux; dites si ceux qui les ont commis pouvaient conserver encore après, un peu d'honneur et de dignité.

Voyez et jugez. Jugez vos empereurs; votre qualité de citoyen vous en donne le droit. Jugez indépendamment de toute considération d'intérêt personnel ou de situation politique quelconque. Il serait d'ailleurs aussi injuste que puéril, ainsi que je vous le démontrerai dans un instant, de chercher en cela des circonstances atténuantes.

Interrogez votre conscience, uniquement sur les faits qui ont été accomplis, après quoi vous me direz quelle est la dénomination propre qui convient à ces coups, quelle est la qualification qu'en toute justice il faut attribuer à ces hommes dont le premier soin, en s'emparant, l'épée à la main, du pouvoir suprême, c'est-à-dire en confisquant à leur profit la souveraineté nationale, fut de se soustraire aux atteintes de la justice en mettant sous les pieds, la loi.

Quant à cette dénomination et à cette qualification sur lesquelles il importe de bien se fixer, je m'abstiendrai de vous faire connaître celles que j'ai moi-même adoptées; je m'abstiens, par cette première raison : que je ne veux peser en aucune façon sur votre appréciation personnelle, et un peu aussi par cette autre : que je dédaigne de me servir des expressions qui me sont soufflées par ma propre appréciation des faits et par le sentiment que m'inspire le caractère de ces grands hommes en ce qui a rapport aux horreurs et aux bassesses qu'ils ont commises.

⁂

Obéissant à un scrupule d'après lequel beaucoup de personnes croient devoir se dispenser d'aborder, pour les traiter comme elles doivent l'être, ces sombres questions, il me conviendrait aussi de les passer sous silence; mais, sont-ce là de ces choses dont on puisse dire : C'est passé, n'en parlons plus ?

Il ne m'est pas agréable, croyez-le bien, de récriminer contre un monarque déchu, et il me siérait peu de l'outrager en lui adressant des reproches sanglants. Ces reproches, dussent-ils être bien des fois mérités, garder un silence absolu sur ces choses horribles serait le parti que j'aimerais aussi à prendre si le rôle politique qu'ont joué ces perturbateurs n'était pas si étroitement lié aux questions de justice et de liberté qui sont les assises de l'ordre public et du bien-être social, de ce bien-être social auquel vous trouverez peut-être que je m'intéresse trop vivement si vous n'envisagez que les avantages que j'en retire et la considération que cela me vaut quelquefois de votre part.

Mais, dans l'intérêt général, pour l'accroissement de ce bien-être et surtout pour nous garantir à l'avenir de toutes tentatives de ce genre, il faut, à mon sens, exposer au grand jour, apprécier, juger publiquement les actes de ces prétendus grands hommes. Il faut, puisque la justice n'a pu les atteindre, qu'une réprobation populaire, unanime, énergique, soit hautement manifestée, non pour la vaine satisfaction de les abreuver de fiel, mais afin que d'autres prétendants qui sans doute guettent à cette heure le trône vacant, ne soient pas tentés de les imiter en marchant sur leurs traces, et afin aussi que chacun puise en cela un enseignement dont on a toujours si besoin.

Je ne vous parlerai pas longtemps, monsieur, ni d'une manière particulière, de notre première République, car je ne sais pas assez quelles furent exactement les diverses situations politiques dans lesquelles se trouva la France pendant le cours de cette époque. L'histoire ne suffit pas pour nous initier d'une manière complète sur ce point. A défaut de cela, l'imagination qui se prête trop facilement à de fausses conceptions pourrait fort bien nous laisser égarer quant aux situations véritables, aux besoins, aux exigences de ce temps, et relativement à l'opportunité de telles ou telles mesures que, en raison des événements qui se produisaient, on a cru devoir prendre dans l'intérêt du peuple. Du reste, de nombreuses phrases à ce sujet seraient, il me semble, superflues, attendu que la seule mesure qui ait été prise et sur laquelle il convient surtout d'insister est celle dont le peuple a été deux fois victime, laquelle mesure avait été annoncée d'une part, acceptée de l'autre, comme étant une mesure de salut public. D'après ce que je vous dis, vous devez comprendre, — n'est-ce pas — que c'est du 18 Brumaire que je veux parler, du 18 Brumaire, jour néfaste dont le 2 Décembre fut une fidèle reproduction.

Cela dit, je me sens plus à l'aise pour continuer : ainsi, revenons, revenons donc à notre question; agitons encore, agitons toujours, discutons ces fameux coups d'Etat. Mais ici, vous voyant venir, je vais par courtoisie au-devant de vous :.....

***

Que serait-il advenu de la France si ces hommes n'avaient pas agi ainsi? Voilà l'objection que vous tenez en réserve. Je la vois poindre sur vos lèvres, cette objection banale à laquelle vous répondrez aussitôt :

La France, assurément, eût été bouleversée, ensanglantée par la guerre civile. Qui vous a dit cela? Ceux qui ont collaboré au coup d'Etat, ou qui en ont recueilli un avantage quelconque. Et vous, qui croyiez y trouver votre compte aussi, vous l'avez cru. Voyons si vos craintes à cet égard étaient fondées :

***

D'abord, je vous prierai de remarquer, monsieur, que dans ces circonstances douloureuses il arrive ordinairement qu'on exècre les vaincus et qu'on exalte les vainqueurs. Mais, on ne se préoccupe pas assez, il me semble, de la valeur des motifs, de la justesse des raisons que les uns et les autres ont invoquées ou sur lesquels ils se sont appuyés; ce qui s'explique d'ailleurs par notre ignorance, par la faiblesse de notre esprit politique qui nous porte à croire que la stabilité est possible et définitive quand elle est le produit de la ruse et de la violence, ce qui s'explique aussi par les difficultés qu'on rencontre ou par le danger que l'on court à s'exprimer tout haut dans un sens qui n'est point du goût du plus fort.

S'il n'eût pas été difficile il fut un temps où il n'était guère permis de démontrer que le résultat probable à attendre d'un échec au 18 brumaire n'était pas peu susceptible d'être envisagé sous un aspect tout à fait favorable, et cela n'est pas la moindre raison, croyez-le, qui m'autorise à déclarer qu'on ne doit point ainsi justifier le fait, défendre la cause par l'invocation d'un résultat qui, en définitive, l'avenir l'a prouvé, ne fut point aussi satisfaisant qu'on se plut à le dire, qu'on se plut à le croire.

De fâcheuses conséquences qui, au surplus, n'étaient qu'éventuelles; des dangers, des périls qui n'étaient rien de plus qu'imaginaires! Non, ce n'est pas assez pour militer en faveur d'une telle violation, et, pour mesurer l'étendue, pour se faire une idée de la gravité de l'erreur qui, à ce sujet, a été commise, il n'est besoin que de se demander s'il ne serait pas aussi facile et pour le moins aussi logique d'admettre que, sans le premier coup d'État, nous n'eussions pas eu toutes les guerres d'ambition du premier empire, et que, privés du concours de ce chef trop célèbre, nous n'eussions pu éprouver de revers plus désastreux que ne l'ont été nos succès militaires qui, avec lui, ne furent et ne pouvaient être, — et ne pouvaient être, entendez-vous, — que le prélude d'une complète défaite.

Si le premier Napoléon n'avait pas étouffé notre première République, on n'eût pas eu à se révolter pour en établir une autre en 1848 et une nouvelle hier. La France, — il est au moins permis de le croire, — n'eût pas subi une première invasion, ni Waterloo, aussitôt suivi d'une seconde, ni la restauration de celui-ci, ni l'avénement et la déchéance de celui-là, ni l'avénement et la déchéance de cet autre.

A coup sûr elle eût été exempte des catastrophes nationales de 1848 et de 1851. Peut-être un gouvernement républicain n'eût pas cru à la nécessité d'aller faire saigner la Patrie à Rome, en Russie, en Italie, en Chine, au Mexique! Il est à croire aussi qu'un gouvernement de ce genre eût mieux choisi ses conseillers et qu'il n'eût jamais cru devoir conduire, à propos de rien, nos armées au Rhin, d'où elles reviennent en ce moment en déroute avec une troisième invasion à leurs trousses, après avoir passé par Sarrebruck, Reischoffen, Sedan!... Sedan où la France fut abandonnée de son empereur, ce qui lui donna de nouveau l'heureuse idée de se remettre sous l'égide de la République d'où, pour son bonheur, sa gloire et son honneur, elle n'aurait jamais dû sortir.

A l'avenir, vous renoncerez à applaudir aux coups d'Etat si, en jetant un coup d'œil sur ce passé lugubre, vous voulez bien vous convaincre que les périls supposés, qui soi-disant ont été conjurés, étaient bien moins à redouter que ceux que nous avons traversés.

De plus, si vous voulez à l'avenir vous livrer à une nouvelle dissertation sur ces faits politiques afin d'en faire à la fois une appréciation plus saine et plus sage, n'oubliez pas que vous devez avant tout consulter votre conscience, évitant avec soin de vous laisser circonvenir par la crainte de certains dangers qui ne sauraient exister que dans votre imagination. Il est clair qu'il n'y aurait plus d'actions infâmes qui ne pussent avoir une excuse, une raison d'être, une justification, de même qu'il n'y aurait pas de criminels qui ne pussent présenter et faire accepter leurs forfaits comme des actions méritoires, si le juge se plaçait à ce point de vue des hypothèses chimériques.

Nous ne devons pas nous fourvoyer ainsi : ce serait en quelque sorte dénaturer la justice, ce serait plonger dans l'obscurité après avoir étouffé les accents du cœur, les cris de la conscience, nous disant autre chose que ce qu'il nous plairait d'entendre; ce serait encore y marcher après avoir éteint la lumière de l'intelligence et de la raison dont il nous faut nous éclairer de la manière la plus vive et la plus pure quand il s'agit, comme dans ces importantes questions, d'afficher la vérité et d'y rendre hommage.

Pour bien juger les hommes, il ne faut les voir que du point de vue de la commune individualité, quelle que soit leur position sociale, et, quant aux actes dont ils ont à répondre, ils ne doivent être envisagés que sous leur simple et véritable caractère. On ne doit point trouver bien de la part des uns ce que l'on trouverait mal de la part de certains autres.

Donc, si d'après ces principes, ces dispositions que rien ne doit modifier, nous réglons notre jugement, nous chercherons en vain une juste raison dont puisse s'autoriser un honnête homme pour violer son serment.

Quand un homme en est arrivé à cette basse extrémité, quels qu'aient été les motifs qui aient dicté sa conduite ils ne sauraient être admis, et dans ce cas, le bon sens, la justice, l'intérêt général, tout exige qu'au lieu de l'applaudir et de le féliciter, cet homme soit désormais considéré comme il le mérite réellement et qu'on s'en défie comme d'un homme indigne de cette confiance dont il a tant abusé.

Il me reste peu de chose à ajouter maintenant à ce que je vous ai déjà dit touchant ces fameux coups d'Etat. En attendant que j'y revienne, je recommande à votre méditation ma conclusion anticipée à cet égard ; elle est : que la Patrie peut dans des circonstances critiques exiger de ses enfants la fortune, le bien-être, l'existence, mais qu'elle ne peut jamais se trouver assez compromise ou menacée pour exiger d'eux le sacrifice de leur honneur, de leur dignité, attendu que celui d'entre eux, qui se serait à ce point dégradé ne serait plus digne de la servir, moins encore de la gouverner. Y avez-vous songé? Non! Mais à quoi songiez-vous donc, monsieur, si vous ne songiez pas à cela?

*
* *

Avec cette bonhomie, cette simplicité qui se prête si bien à toute espèce de surprise, vous avez, — fermant les yeux sur les indignités qui s'accomplissaient en haut lieu à la date du 2 Décembre 1851 — vous avez, dis-je, ajouté une foi entière à ce que l'on publiait aussitôt après officiellement, à savoir : que la France venait d'être sauvée; qu'il était temps que l'on prît des mesures énergiques, que l'on agît ainsi enfin pour protéger la société menacée d'un danger terrible, de malheurs irréparables.

Vous la voyiez alors, cette société, sur le bord extrême d'un abîme effrayant au fond duquel cinq minutes plus tard elle allait disparaître comme une muscade, précipitée qu'elle allait être par les *rouges* et les socialistes, avec le concours empressé des anarchistes, des communistes, des démagogues, des idéologues, de vampires et de croquemitaines de la plus dangereuse espèce. Enfin, ce jour-là, comme beaucoup d'autres qui ne voyaient que la surface des choses, vous avez cru tout bonnement que la France l'avait échappée belle. Pauvre peuple ! Quand saura-t-il que les plus grands dangers qu'il a courus, que les plus grands malheurs qui l'ont frappé, ne sont nés que de son aveuglement, lequel résulte des mesures anti-libérales qui ont toujours été prises contre lui ?.....

Si la situation politique dans laquelle la France se trouvait avant Brumaire ne m'est pas assez connue pour que je puisse en parler avec autorité, il n'en est pas tout à fait de même de celle qui lui était faite antérieurement au 2 Décembre. Cette situation est encore assez présente à ma mémoire pour que je me permette à bon droit d'en dire quelques mots qui serviront, je l'espère, à faire abonder dans un sens plus droit, plus vrai, l'opinion que vous en avez pu concevoir.

C'est maintenant de faits contemporains, indéniables, que je veux tirer de nouveaux et puissants témoignages de nature à vous éclairer si vous voulez bien me continuer votre attention et ne pas vous obstiner à fermer les yeux à la lumière, ainsi que vous semblez le faire depuis cette époque fatale.

Avant cette sombre date (2 décembre), les affaires, disiez-vous, n'allaient pas. En effet, les transactions commerciales, j'en conviens, étaient comme paralysées ou suspendues. On languissait dans une situation qu'on croyait provisoire et dans l'attente d'un gouvernement mieux défini. Celui que nous avions alors manquait de sincérité et il n'était un mystère pour personne qu'on se préparait à agir à un moment donné contre la République. Mais n'anticipons pas sur les événements. Dites-moi d'abord : N'avez-vous jamais cherché à vous rendre compte, ainsi que je l'ai fait moi-même, des causes productives de ces regrettables effets ? Car, vous le savez, il n'y a pas d'effets sans cause, et l'inquiétude qui se manifestait de toutes parts à cette époque résultait de certaines causes dont il importe de bien connaître la nature.

Ainsi, soit que la santé d'un individu se trouve altérée ou compromise, soit que le cours des affaires industrielles ou commerciales soit interrompu ou ralenti, soit que la situation d'un état laisse à désirer sous tels ou tels rapports, les hommes compétents, aptes à traiter ces situations, ces maladies, doivent toujours se poser d'abord cette question : Pourquoi ? Et, cette question posée, ils doivent se bien garder de la résoudre d'une manière inexacte, car, selon le cas, il pourrait se produire, s'il en était ainsi, de funestes erreurs ou de ces catastrophes dont nous voyons en ce moment un exemple.

*
* *

Notez bien qu'un état anormal, soit physique, moral ou politique, dérive toujours de certaines causes plus ou moins graves, de certains proégumènes qu'il faut, quand cet état anormal se fait douloureusement sentir, chercher avec ardeur à découvrir, parce que, dans la plupart des cas, aussitôt que ces causes sont connues, elles sont à moitié détruites.

Aussitôt également, selon le cas dont il s'agit, les douleurs cessent, la santé se rétablit ou les affaires s'améliorent, reprennent, comme par enchantement, leurs allures habituelles et satisfaisantes.

Pour moi, la cause principale de cet état de langueur dans lequel nous avons vu la France avant le 2 Décembre, était née d'une faute grave, irréparable, qui fut commise, et cette faute, notez-le bien, était la vôtre, ainsi que vous allez en être persuadé dans un instant.

Par exemple, vous savez que la République, en décrétant l'égalité de tous les Français, abolissait le cens, établissant du même coup le suffrage universel. La République, en vous conférant ainsi des droits politiques dont la légitime possession vous avait été contestée jusqu'alors par toutes les monarchies de notre histoire, espérait que vous sauriez en user. Désormais, citoyen, électeur de votre pays, vous étiez appelé à choisir même ses premiers fonctionnaires. Le vote que vous aviez à émettre périodiquement dans ce but, était un moyen pacifique par lequel devaient être tranchées, résolues, dans le sens le plus juste, toutes les questions susceptibles de s'agiter dans le sein de la France. Ce vote devait mettre fin, — de par la volonté d'une majorité qui s'impose et doit être respectée, à la condition qu'on lui permette de s'éclairer et de se manifester librement — ce vote devait mettre fin, dis-je, à des rivalités, à des compétitions qui l'avaient trop souvent déchiré. Questions judiciaires, militaires, administratives, gouvernementales, tout, par le vote, devait être résolu à la satisfaction générale, et il suffisait, pour cela, d'en user avec sagesse, c'est-à-dire en faveur de candidats d'un bon choix.

Le droit de voter, le suffrage universel enfin, qui deviendra la sauvegarde des peuples et qui leur offre un refuge où règneront en tout temps la paix, la prospérité, la justice, nous eût, si vous l'aviez exercé avec un peu d'habileté et d'intelligence, épargné bien des mécomptes, nous eût épargné aussi, soyez-en persuadé, ces désastres d'un autre âge que nous avons à déplorer aujourd'hui, nous eût, en un mot, procuré des avantages immenses après lesquels nous soupirerons jusqu'à ce que vous sachiez en tirer tout le bon parti qu'il est possible.

Eh bien ! — s'il est pénible de le dire, il est plus pénible encore de subir les conséquences de votre fait — oui, sachez-le, tous nos malheurs proviennent de ce que vous n'avez pas su voter, de ce que vous n'avez pas su choisir vos représentants ! Oui ! le suffrage universel ; cette arme protectrice, libératrice, est devenue entre vos mains une arme empoisonnée dont vous ne vous êtes servi que pour vous déposséder, que pour vous dépouiller des droits sacrés, conquis au prix des plus grands sacrifices, dont la République en vous en faisant le dépôt, vous avait confié la défense et l'exercice. Oui ! ce bulletin de vote, en apparence insignifiant, est devenu, entre vos mains, une arme odieuse par laquelle vous vous êtes rendu homicide, liberticide et peut-être... Oh ! je n'ose y songer !... Dieu veuille que votre fils soit au nombre des prisonniers et qu'il ne figure qu'à ce titre parmi les innombrables victimes dont vous avez, par vos suffrages, approuvé ou déterminé le sacrifice !... Ah ! ce serait au moins une douce consolation, si, après avoir provoqué tant de chagrins et de ruines, si, en songeant à tant de chaumières embrasées, à ces milliers de malheureux et à ces monceaux de cadavres, vous pouviez, la main sur la conscience, vous dire avec une fierté héroïque qui, tout en laissant subsister de profonds regrets, exclurait néanmoins toute espèce de remords : *J'ai agi en bon citoyen, n'obéissant qu'à ma conscience, n'écoutant que mon devoir.*

Mais, voyons si vous avez réellement consulté votre conscience et dans quelle mesure, ou plutôt de quelle manière, vous vous êtes acquitté de ce devoir :

*
* *

La faute première, la faute capitale a été par vous commise, dis-je, en ce que vous-même, électeur de six mois, étant appelé un jour à élire un président de la République, vous avez eu le bon goût de porter en cette qualité à la tête du gouvernement l'un des membres d'une famille dynastique qui ne se recommandait à votre préférence que par de hauts faits militaires d'un autre temps et qui n'étaient pas les siens, lesquels, en somme, nous avaient coûté nombre de fois plus qu'ils ne nous avaient rapporté ; lequel membre-candidat ne s'était jamais signalé par aucune action d'éclat honorable, hormis que vous ne teniez pour telles les deux malheureuses aventures de Strasbourg et de Boulogne ; lequel prince-candidat, enfin, était disposé à tout — vous deviez le voir bientôt — pour devenir empereur.

*
* *

L'oncle, vous le saviez cependant, avait trahi la République ; il avait, vous le saviez encore, livré et gagné de sanglantes batailles, au nombre desquelles il en est bien certainement quelques-unes qui n'avaient point été amenées pour d'autres causes que celle d'une insatiable ambition.

Or, rien autre chose que ces grandes batailles, ces sanglantes victoires n'avait appelé votre attention ou fixé votre choix sur ce candidat pour lequel vous montriez alors non moins d'enthousiasme que d'admiration. De sorte que c'est uniquement en souvenir de l'oncle que vous avez choisi le neveu.

Tiens ! C'est donc que vous vouliez un nouveau parjure qui détruisît à son tour la République ? Tiens ! Vous vouliez donc un guerrier qui recommençât de nouvelles campagnes ? Car, comment expliquer autrement votre suffrage ?

S'il en est ainsi, vous devez être satisfait, car vous avez eu tout cela. Vous avez bel et bien été servi selon votre désir par votre candidat de prédilection. Mais si, par hasard, vous ne l'êtes pas, comment ferez-vous pour le dire sans avouer que vous vous êtes trompé ? En vérité, cela me paraîtrait assez difficile.

Enfin, bref ! Après vous être acquitté ainsi de ce que j'appellerai le premier, le plus important de vos devoirs civiques, vous êtes retourné tranquillement et le cœur content, sous votre toit, dans vos sillons, sans avoir jamais songé depuis que vous aviez ce jour-là semé dans le champ de l'avenir politique, un ferment de discorde sociale, un grain révolutionnaire qui devait naturellement se développer peu à peu et donner un jour une abondante production.

Hélas ! ce jour ne se fit pas attendre longtemps ; vous avez même eu l'avantage de recueillir presque aussitôt le fruit de votre action imprudente, considérée. Depuis ce jour, en effet, jusqu'au 2 décembre, vous n'avez cessé de vous plaindre, de gémir sur tous les airs, dans tous les tons : Et le commerce ne va pas..... Et rien ne se vend..... Il n'y a pas de confiance..... La République ne peut exister en France ;... la France est trop grande... Je passe sous silence une foule d'autres jérémiades de même force ; je veux dire aussi stupides au fond que variées dans la forme.

La République ! Vous ne voyiez donc pas que votre suffrage était un des cinq ou six millions de coups meurtriers qu'elle venait de recevoir ? La République ! De ce jour vous n'aviez déjà plus rien à lui reprocher ni à attendre d'Elle ; car, à partir de l'élection présidentielle à laquelle vous veniez de prendre part, elle n'exista plus que de nom. Ce jour-là, vous l'avez condamnée à mort et livrée aux mains de l'exécuteur.

*
* *

Des citoyens éclairés, dévoués, sachant que la forme gouvernementale républicaine était la seule qui pût convenir désormais à notre pays, virent les dangers que votre faute faisait courir à la République et ils prirent des mesures afin de les prévenir et de parer à toute éventualité. En cela fut la cause, l'origine, le point de départ de nombreuses sociétés démocratiques qui s'organisèrent sur différents points du territoire dans le but de s'opposer, s'il en était besoin, à l'exécution de projets de restauration monarchique en faveur de votre élu. Et ils se trompaient si peu en prenant cette attitude de défiance, ces citoyens honorables, que vous avez dans la suite qualifiés quelquefois d'insurgés, de rouges, en dépit de la justice et du bon sens de la langue française; ils se trompaient si peu, dis-je, que les événements ne tardèrent pas à justifier les mesures qu'ils avaient prises.

Toutefois, malgré leur patriotisme, leur dévouement, leur vigilance, la République devait périr, périr par la main même de celui qui lui avait fait un serment de fidélité et que vous en aviez fait le premier soutien.

*
* *

En présence de ces dispositions patriotiques s'affirmant de plus en plus à mesure que les intentions et les faits patents du pouvoir dévoilaient mieux le but auquel il visait, votre honorable président, au lieu de ramener à lui, de rassurer par une politique fidèle, loyale, tous ces esprits inquiets qui fermentaient, ne songeait évidemment qu'à frapper le coup décisif. Pour le faire avec succès, il s'entourait de gens comme lui, déterminés à jouer le tout. Leur liberté, leur vie, leur honneur furent l'enjeu : Le gain en perspective était, pour celui-ci, une couronne, pour ceux-là, des ministères, des préfectures, des emplois publics généreusement rétribués.

En attendant le moment propice, votre président préparait ainsi le terrain :

Sans leur divulguer son plan, il comblait de faveurs, il gorgeait de séduisantes promesses les auxiliaires ou plutôt les complices qu'il s'était choisis. Je ne puis dire qu'il les gorgeait d'argent, car l'histoire rapporte que son escarcelle n'était pas alors si bien remplie qu'elle l'est aujourd'hui.

Il tramait avec ces familiers un tissu d'intrigues ayant pour effet inévitable et certainement prévu d'entretenir, d'alimenter, d'accroître le mécontentement des masses, de détruire plus encore, s'il était possible, cette précieuse confiance dont nous avions, nous, un si grand besoin, mais qu'il lui importait à lui de ne pas laisser se rétablir, ce qui aurait nui, cela se comprend, à l'établissement d'un nouveau régime, d'une nouvelle forme de gouvernement qu'on songeait à inaugurer bientôt.

Dans cet état de choses, quelques-uns commencèrent à croire qu'il fallait un empereur à la France. Le gouvernement ne disait pas non : on prétend même qu'il y eut beaucoup d'agents qui étaient payés pour dire oui. Et le tour était joué ; le stratagème avait réussi, ... aux dépens de tous, il est vrai, mais qu'importe ?

La nécessité d'un changement dans ce sens se faisait donc d'autant plus sentir, ou plutôt accepter, qu'il entrait dans les goûts, qu'il répondait aux intérêts du président qui, se gardant bien de rendre la République florissante ainsi que le lui prescrivait son devoir, ce à quoi l'engageait son serment, s'appliquait au contraire à la rendre insupportable.

IV

Pour préparer le peuple à recevoir, à subir sans trop murmurer ce changement prémédité, on procédait progressivement toutefois, et par des moyens différents ; les uns de nature à faire désirer l'empire, les autres de nature à faire exécrer la République, sur le dos de laquelle on faisait peser la responsabilité de toutes les fautes, soit qu'elles émanassent directement du pouvoir, soit qu'elles émanassent de l'administration publique.

Sans tenir compte de l'ordre, de la marche qui ont été suivis, je vous ferai observer que ce fut dans ce double but qu'on lança un beau jour dans la circulation monétaire une abondance de nouvelles pièces d'argent.

On savait sans doute que la plupart des gens composant le peuple français, moins soucieux de leurs droits politiques que de leurs intérêts matériels, ne se montreraient pas insensibles à cette forte émission de numéraire et qu'il n'était point de meilleur appât pour captiver leurs sympathies.

Ces nouvelles pièces étaient-elles plus grosses que les anciennes? Oh! non. L'effigie seulement en était changée. A la place des trois déesses pédannées qui symbolisaient quelque chose, on avait mis la tête d'une autre qui, en apparence, ne symbolisait rien du tout; seulement, c'était une tête monstrueuse. Aussi grosse que les trois autres déesses prises dans leur ensemble, elle en occupait toute la place.

***

On ignorait si cette tête d'une nouvelle divinité résumait en elle toutes les qualités, les vertus démocratiques des trois déesses supplantées, mais à coup sûr elle était mieux coiffée. Les régions sincipitale et occipitale de ce chef disparaissaient sous la charge volumineuse d'un épais chignon admirablement tressé, natté, entrelardé de guirlandes, d'épis de tous grains, de fleurs de toutes sortes, parmi lesquelles se trouvaient confondus pêle-mêle, les bluets, les reines-marguerites, les coquelicots.....

Cette nouvelle effigie, qui recélait aussi sans doute quelques fruits dans sa coiffure, eut assez bien représenté par ces attributs une trinité olympienne quelconque, ces trois déesses de la mythologie, par exemple : Flore, Pomone, Cérès. Et peut-être s'en serait-on tenu à cette interprétation si quelques observateurs plus soupçonneux ou plus clairvoyants n'avaient prétendu qu'en faisant disparaître sous le pouce le fameux chignon et tous ses accessoires emblématiques, agricoles et horticoles, on voyait poindre le bout de l'oreille... en même temps qu'on se trouvait initié aux vrais motifs qui avaient dicté cette *utile* substitution. Suivant eux, il n'était pas difficile de reconnaître, non la physionomie de quelque déesse de l'Olympe, mais le profil de votre dieu, de ce dieu qu'on appelait le Petit Caporal ou le Petit Tondu. Que conclurons-nous de cela, monsieur ? Evidemment que c'était un signe des temps qui ne présageait rien de bon pour l'avenir, et qui n'était point imaginé, il me semble, pour inspirer la confiance, pour entretenir ou faire naître l'espoir d'une reprise prochaine des affaires que paralysait, au contraire, de plus en plus, le pouvoir par son système. Oui! on faisait une situation impossible pour amener peu à peu le pays à manifester le désir d'en changer.

En ce temps-là, on désarmait la garde nationale qu'on tenta, souvent sans succès, de remplacer par des compagnies de pompiers; compagnies dont l'effectif, bien que limité à un nombre restreint, n'arrivait pas toujours à se compléter. Certainement, il serait injuste de critiquer une institution dont l'utilité est incontestable, aussi telle n'est point mon intention. Cependant, mon avis sur ce point, que je me permettrai de vous faire connaître, est : qu'une escouade de pompiers figurerait bien aussi au milieu d'une compagnie de garde nationale, qu'elle en pourrait être un peloton d'élite suffisant pour le service qui lui est dévolu, mais qu'une compagnie de pompiers ne saurait être avantageusement substituée à un bataillon de gardes nationaux.

Il est fort douteux que le feu envahisse un jour la France, tandis que des conspirateurs ou des conquérants peuvent facilement se rendre maîtres d'une nation mal gardée. D'ailleurs, nous apprenons en ce moment, même, que, pour un pays, le pillage, l'invasion étrangère sont plus à redouter que l'incendie, et qu'on ne saurait à des volées de mitraille riposter par des jets d'eau.

*
* *

Après avoir rétabli dans ce sens la force armée, il restera encore quelque chose à faire pour les pompiers en apportant de sérieuses modifications à la théorie de leurs exercices. Ne trouvez-vous pas comme moi qu'il y a quelque humiliation pour eux dans la manœuvre de leur instrument ? La dignité des citoyens ne se trouve-t-elle pas compromise à ce point où la théorie leur impose la soumission jusqu'à se laisser atteler les jours de revue comme des animaux domestiques? Hue! Ho!

— Ah! monsieur! un peu moins d'exagération, s'il vous plaît...

— Vous avez beau vous récrier, monsieur; il est de fait constant que vous avez consenti vous-même à résigner sans mot dire votre mandat, c'est-à-dire à vous laisser dépouiller de votre titre, de votre qualité de garde national qui vous donnait le privilége, qui vous créait le devoir de défendre, le cas échéant, la République, les droits du peuple, la nation entière contre toute espèce d'attentat, pour accepter en place un rôle mesquin et ridicule qui vous oblige parfois à vous laisser atteler sans nécessité aux traits d'une pompe à incendie.

*
* *

Ne vous ai-je pas vu un jour revenir de..... la cible? Vous gravissiez lentement une pente assez raide..... Le tambour, vous précédant, battait la charge, tout comme s'il se fût agi de monter à l'assaut d'une place assiégée !

Que de munitions n'aviez-vous pas épuisées dans cette expédition aquatique ! On le devinait en vous voyant ; vous étiez mouillé comme un canard. Et, tandis que par devant vous tiriez avec la plupart de vos collègues votre clifoire, les autres la poussaient par derrière.

*
* *

Pendant que vous vous occupiez à cela, on faisait saper les arbres de la Liberté..... A-t-elle grandi, votre bouture?...

En ce temps-là on recrutait, pour en faire des légions de mouchards, autant de chenapans qu'on en pouvait trouver, afin de leur faire surveiller de près de bien braves gens que leur opinion politique dissidente faisait considérer comme suspects.

En ce temps-là la police, selon les instructions qui lui avaient été données, se montrait intraitable, exigeante sur les plus petits détails, et les procès-verbaux pleuvaient à torrents sur le pauvre peuple qui, au milieu de son indignation, se laissait quelquefois aller à en accuser la République ; ce qui était bien d'ailleurs ce qu'on voulait dans les hautes régions gouvernementales et administratives.

Oui ! malheur au pauvre voiturier qui laissait en ce temps-là éteindre sa lanterne, ou qui succombait le matin aux attaques irrésistibles d'un sommeil qu'il avait combattu toute la nuit. Malheur surtout à quiconque se risquait à articuler un vivat en faveur de la République on à faire d'une manière quelconque l'apologie de cette forme de gouvernement !

Les conséquences qui résultaient ordinairement de ces graves contraventions étaient, pour les premiers, la consommation en frais et amendes judiciaires d'une grande partie des marchandises qu'ils conduisaient à destination. N'a-t-on pas vu maintes fois la modeste somme d'argent qu'avait produite la vente d'une charretée de légumes se trouver entièrement absorbée par les dépens excessifs qu'entraînaient les poursuites judiciaires et une condamnation rigoureuse ?

***

Après avoir, pendant six mois de l'année, entouré de soins, arrosé de sueurs leurs plantations, combien de cultivateurs de cette contrée, en revenant du marché de Paris, firent la rencontre de ces alguazils qui, sous le plus futile prétexte, rédigeaient un bon petit procès-verbal, en conséquence duquel ils devaient se présenter devant un tribunal institué pour les dévaliser en vertu de la loi!

Quant à ceux qui étaient reconnus pour des partisans de la République, c'était autre chose, c'était pis encore. Signalés comme des hommes dangereux, ils étaient surveillés, épiés, filés soigneusement jusqu'à ce que l'on eût trouvé dans leurs discours, quelquefois dans un intime entretien, le moyen de les traduire sous l'inculpation d'avoir tenu des propos séditieux de nature à troubler l'ordre public.

En ce temps-là, il était rare que les laborieux cultivateurs et tous autres honorables citoyens qui, pour une cause ou pour une autre, étaient tombés dans les filets de la police, fussent acquittés par les tribunaux.

On ne leur laissait pas toujours la liberté de se défendre, de s'excuser ou de se disculper. Le plus souvent, une condamnation précipitée, qui ne s'expliquait que par le grand nombre de causes à expédier, coupait court à toute observation que le juge et l'inculpé savaient à l'avance inutile d'ailleurs.

*
* *

Oui, ce système de persécution publique, qui, à quelques personnes ne se rendant pas bien compte de cette politique astucieuse, semblait être républicaine, tandis qu'elle était le contraire, s'exerçait alors sur une large échelle, et une prime avait été en quelque sorte créée pour récompenser ceux des alguazils et des magistrats qui s'en montreraient les agents les plus intelligents, les plus actifs.

Les premiers étaient d'autant mieux notés, obtenaient d'autant plus d'avancement qu'ils faisaient plus de captures.

Quant aux seconds, ils avaient aussi d'autant plus à gagner qu'ils se montraient plus inflexibles et plus implacables. Ils pouvaient, ainsi faisant, escalader au pas gymnastique les degrés inférieurs de l'ordre judiciaire et aller se camper aux points culminants.

Pas n'est besoin d'ajouter que ceux des fonctionnaires qui dédaignaient de se prêter à de semblables manœuvres, étaient impitoyablement révoqués. C'est à cause de la répugnance qu'ils ont quelquefois manifestée en ces occasions que nous avons pu voir des officiers, des magistrats, encourir une disgrâce qui brisait leur avenir.

*
* *

La parole du Christ recevait alors une consécration à laquelle on ne se serait jamais attendu. Oui ! il en était ainsi sous la *République*, et ce déplorable état de choses ne cessa pas d'exister sous l'empire qui succéda. En égard à cela, on pouvait croire que le gouvernement avait pris pour maxime à réaliser cette sentence de Jésus : Quiconque s'élève sera abaissé et quiconque s'abaisse sera élevé...

*
* *

Si, à première vue, cette politique étrange et ndigne paraît incroyable, elle se comprend néanmoins quand on songe que le pouvoir exécutif, en rendant la République intolérable, détruisait les obstacles qui eussent pu, si elle eût été telle qu'on la désirait, s'opposer à ce qu'on y substituât un autre régime.

Nous avons vu tout cela, monsieur, et tout cela était bien fait pour aggraver une situation qui devenait, par le moyen de cette tactique misérable, de plus en plus critique et inquiétante.

*
* *

En ce temps-là, on faisait tomber des drapeaux ces trois mots : Liberté, Egalité, Fraternité, et, sur nos édifices publics, la devise coupable, subversive, disparaissait sous un lait de chaux.

En ce temps-là, on passait de grandes revues militaires ; on faisait la *petite guerre* pour s'apprendre à bien faire la grande. Nous pouvons juger aujourd'hui des progrès que nous avons faits en ce genre d'études.

Dans ces occasions, on prodiguait des rations de vin au soldat qui, à un moment donné, ne manquait pas en échange de hurler : Vive l'Empereur! Et ce, à la grande satisfaction du Président de la République lui-même, lequel en témoignait suffisamment du reste, en levant par-dessus le marché toutes les punitions. En outre, il augmentait la solde, décrétait de nombreuses promotions, distribuait à pleines mains des décorations à bon nombre d'officiers qui n'en avaient pas encore. Il était bon, généreux, clément... Brave ? Il l'était aussi, le vainqueur de Satory

En ce temps-là, César en herbe dressait tout seul les batteries et le plan de campagne, dirigeait les colonnes d'attaque, enlevait toutes les positions, refoulait *l'ennemi* sur toute la ligne. Aussi le public ne tarissait pas d'éloges à l'adresse du neveu, qui avait, disait-on de toutes parts, hérité des capacités militaires et du coup d'œil d'aigle de son oncle...

Oh! oh! On s'est, il me semble, exagéré passablement les capacités militaires, et quant à ce fameux coup d'œil que prisaient tant ses admirateurs ou ses adulateurs, à la vérité il lui a souvent fait défaut depuis, et surtout au moment où il en avait le plus grand besoin. Aujourd'hui, je suis tenté de croire que, en fait de coup d'œil, le seul qu'il possède réellement, et dont l'histoire lui tiendra compte, il n'en faut pas douter, n'est pas un coup d'œil d'aigle, mais bien celui d'une certaine espèce de gallinacée de *basse-cour*, dont vous me permettrez, n'est-ce pas, de vous laisser deviner le nom de famille.

*
* *

Et, pendant tout le temps qu'a duré cette comédie qui se jouait sous vos yeux, vous n'avez pas compris qu'elle seule était la cause de la situation anormale dans laquelle gémissait le pays avant de subir le coup d'Etat qui se préparait dans l'ombre.

*
* *

Après la comédie, le drame! Nous arrivons au 2 décembre ; c'est le terme fatal, c'est le jour choisi!

Ce jour-là, la République fut réveillée de bon matin pour recevoir le coup de grâce...

L'Assemblée nationale est expulsée, jetée à la porte de son palais. Ceux de nos représentants auxquels on reconnaissait une certaine influence et assez de courage ou d'audace pour s'opposer par des moyens légaux, et selon les termes de la constitution, à la consommation de ces faits criminels, avaient été, avant l'aube, arrêtés à domicile. Ceux qui n'avaient pas été arrêtés et qui tentèrent, la constitution à la main, d'organiser la résistance, durent se retirer devant des forces militaires imposantes, dont les chefs avaient été corrompus par les promesses du Président, promesses qui laissaient entrevoir à chacun la perspective d'un brillant avenir ou de quelque distinction honorifique. Combien d'entre eux, en effet, ont gagné là leur titre de chevalier ou d'officier de la Légion d'honneur !!...

Pour rappeler les troupes d'opération au sentiment de l'obéissance passive autant que pour les empêcher de réfléchir à ce qu'elles allaient commettre, quelques-uns ont affirmé qu'on avait doublé, triplé les rations de vin et d'eau-de-vie avant d'engager l'action. Je le crois bien !

*
* *

Parmi ces derniers représentants qui n'avaient pas été incarcérés, il s'en trouvait un du nom de Baudin ! N'avez-vous jamais entendu parler du représentant Baudin ? Il a payé de sa vie, celui-là, la part glorieuse qu'il prit à une si légitime résistance. Plus heureux, un certain nombre de ses collègues ne sortirent de Mazas et de Vincennes où ils avaient été transférés, que pour aller, sur différents points du globe, expier par l'exil le tort qu'ils avaient eu de ne point approuver ce qui s'accomplissait ou de s'y être opposés. Que de victimes n'ont-elles pas été immolées pendant quelques jours pour assurer le succès de ce coup de main! Combien y eut-il de courageux citoyens qui furent déportés par suite de cette insurrection du pouvoir exécutif contre la souveraineté nationale? Combien de veuves, combien d'orphelins!

Peu importe à celui dont la devise semble avoir été en cette occasion : *Régner ou mourir.* Le coup d'Etat a réussi, il n'a pas à s'inquiéter des moyens qu'il a employés plus que du nombre de victimes et de malheureux qu'il a faits. Par la trahison, le fer, le feu, la proscription, il a levé tous les obstacles dressés sur son passage. *Tout est* gagné *fors l'honneur!* A partir de ce jour, il marchera au pas de course sur la route impériale qu'il vient d'ensanglanter, de se frayer à travers les os du peuple! Mais hélas! cette route ne devait avoir qu'un parcours de dix-huit ans. Partant de Paris, elle devait aboutir à Sedan! c'est-à-dire qu'elle conduisait de l'avénement à la chute, de la faute au châtiment.

V

Je vous ai dit tout à l'heure pourquoi la candidature de cet homme, à la présidence de la République, ne se recommandait à aucun titre à votre suffrage; il me reste à vous dire maintenant quelles étaient les raisons d'après lesquelles il aurait dû vous paraître sage de le lui refuser :

Ainsi, les antécédents de votre candidat ne vous ont jamais été bien connus. Il n'avait pas dans les veines une once de vieux sang français. Il n'habitait en France que depuis six mois à peine ; auparavant vous ignoriez son existence, je suppose, autant que je l'ignorais moi-même. Toutefois, si pendant ces quelques mois il se fût fait apprécier, connaître avantageusement ; s'il se fût comporté de manière à mériter la moitié seulement des sympathies que vous lui témoigniez, je passerais encore volontiers par-dessus la courte durée de son séjour parmi nous; je passerais également par-dessus la condition d'origine, tant je suis convaincu que l'aptitude politique, le sentiment du devoir sont de tous les pays, et parce que je sais en outre combien il serait insensé de méconnaître le dévouement, de repousser les services d'un étranger qui, autant que nous-mêmes, peut être animé de l'amour du bien et de l'humanité.

Mais voyons si tel était le cas :

Qu'avait-il dit à l'Assemblée nationale, qui méritât quelque attention, qui fût de nature à justifier, même un tant soit peu, l'immense confiance que vous aviez mise en lui ?

Plus ou moins bien — je ne discute pas le degré — il savait agir, il savait parler, l'avenir l'a démontré. Ne s'est-il pas néanmoins renfermé dans un mutisme absolu frisant l'hypocrisie? De telle sorte qu'en présence de cette apparente nullité, — ce qui était, paraît-il, dans le premier acte de son rôle, — ses amis s'indignaient parfois qu'on osât le soupçonner d'être un prétendant.

Qu'avait-il fait, je vous le demande, qui justifiât dans la plus petite mesure la préférence que de prime-abord vous ne lui avez pas marchandée? Quelle mission importante avait-il remplie ? Quels discours retentissants avait-il prononcés à l'Assemblée nationale où l'enthousiasme aveugle, irréfléchi, d'un grand nombre d'électeurs l'avait porté comme en triomphe ? Néanmoins vous l'avez élu! Soit! Le suffrage universel est le souverain devant lequel je m'incline avec respect, mais sans abandonner, toutefois, mon droit de lui montrer ses fautes quand il en commet.

*
* *

Maintenant, comme président de la République, comme chef du pouvoir exécutif, votre élu a-t-il jamais fait autre chose que de se préoccuper des moyens de se substituer à cette République qui l'avait admis, réchauffé dans son sein ?

*
* *

A-t-il jamais fait autre chose que de paralyser les affaires en laissant se répandre l'inquiétude dans l'esprit du peuple relativement à ses secrets desseins? Des mesures de rigueur qui s'exerçaient contre les classes laborieuses, n'ont-elles pas eu pour unique effet de les irriter, de les mécontenter, de les appauvrir ? Avec tout cela, que d'injustices partout commises ! Que d'abus administratifs jusqu'au moment où, devenant parjure, il viole la Constitution, dispersant, emprisonnant, fusillant les membres de cette Assemblée nationale qui, en lui ouvrant à deux battants les portes de la Patrie, avaient mis un terme à la peine du bannissement qu'il subissait depuis trente-trois années !!

Vous n'avez jamais songé à ces monstrueuses ingratitudes, je suppose ; sans quoi vous auriez pu être édifié sur le caractère de votre candidat. Mais à quoi donc songiez-vous ?

*
* *

D'après ce que je viens de vous dire, vous devez comprendre que vous avez à vous reprocher des fautes, des erreurs politiques, n'est-ce pas?

Eh bien, sachez-le, celles que je viens de vous signaler me semblent bien légères, quand je les compare à celle dont il me reste à vous parler.

Ainsi, quelques jours après le 2 décembre, —

c'était, je crois, le 10 de ce même mois, — le scrutin s'ouvrait de nouveau. On sentait qu'il manquait à ces actes écœurants l'adhésion du peuple, et, pour l'obtenir, on comptait sur son ignorance politique qu'on avait, pendant deux ans et demi déjà, exploitée avec un constant succès ; on comptait sur ses aveugles sympathies qui, selon toute apparence, n'avaient fait que s'accroître en présence des résultats acquis. Une belle proclamation de votre élu victorieux, où il disait, je crois : *Qu'il était temps que les bons se rassurent et que les méchants tremblent* ; un concert de louanges, des phrases à sensation partant de haut et donnant à espérer que tout irait mieux désormais, que tout irait bien, séduisirent beaucoup d'électeurs indécis qui, finalement, comme cela arrive presque toujours en pareil cas, embrassèrent la cause du vainqueur. Bon nombre de journaux et de petites brochures à bon marché, plaidant en faveur du coup d'Etat, n'assuraient-ils pas du reste que le salut de la Patrie en dépendait et qu'elle avait été sauvée ce jour-là ? S'il en fut parmi nous qui ne partageassent pas cet avis, la prudence leur faisait un devoir de se taire.

*
* *

Quoi qu'il en soit, on n'avait pas trop favorablement auguré des excellentes dispositions du peuple à l'égard de ces actes qu'on tenait à lui faire signer, et le 10 décembre cette précieuse homologation dont on voulait les voir revêtus se trouva contenue implicitement dans la prolongation qui lui était demandée, des pouvoirs présidentiels, à quoi le peuple s'empressa d'accéder, mais sans trop réfléchir, je crois, sans trop avoir conscience de ce qu'il faisait. Car, si le peuple n'avait pas été rigoureusement maintenu depuis trop longtemps sous le coup de cette espèce d'interdiction politique qu'il est nécessaire, qu'il est grand temps de lever, croyez-vous, monsieur, qu'il eût agi ainsi ? Oh ! non !

Avec un peu de cette sagacité qu'on ne permet pas qu'il acquière, il n'eût pas fait d'un prince, le président, le gardien de sa jeune République, ou s'il eût commis cette première faute, il eût certainement évité celle qui suivit. Oh ! oui ! Il se fût aperçu qu'en maintenant au pouvoir l'auteur de ces actes, c'était l'approuver, et que l'approuver, c'était, dans une certaine mesure, s'en faire le complice.

Il est vrai que, par suite des dispositions prises, la question se trouvait posée de telle manière que les citoyens ne pouvaient se prononcer dans un sens hostile sans compliquer la situation, sans créer de nouveaux embarras, qu'il était facile de prévoir et qu'il semblait impossible de conjurer, embarras qu'on avait pris soin d'exagérer d'ailleurs et qu'en tous cas ils espéraient éviter en votant comme ils l'ont fait. Voilà, monsieur, la faute qui correspond à la peine sous le poids de laquelle nous succombons aujourd'hui.

*
* *

Mais, quels qu'eussent été les embarras, les incertitudes, les complications qu'un suffrage opposé lui eût paru susceptible de créer, de si mesquines considérations se fussent effacées devant des réflexions d'un autre ordre qui ne lui eussent jamais permis de transiger avec le devoir, la conscience, l'honneur, ainsi qu'il le fit en ratifiant ce qui venait d'être commis, en pactisant avec l'auteur du Coup d'Etat de Décembre. Le peuple enfin, si on lui avait inculqué quelques notions de saine politique, n'eût pas maintenu à la tête du gouvernement un mandataire qui avait abusé à ce point de son mandat. A celui qui l'avait trompé, trahi ; au parjure, au criminel qui venait audacieusement lui demander ensuite : Comment trouvez-vous cela ? il se fût gardé de répondre : Très-bien ! Enfin, de la main fumante, rouge de son propre sang, qui lui était présentée, il se fût détourné avec non moins d'horreur que de dégoût au lieu d'y aller joindre la sienne. Je vous le répète, quels que pussent avoir été les embarras que son suffrage eût créés, ainsi consulté par la voie du suffrage universel sur les forfaits de

Décembre, le peuple aurait répondu par un *non* réprobateur, un *non* indigné.

* * *

En présence de la nouvelle invasion étrangère qui gagne chaque jour du terrain, regretteriez-vous, monsieur, d'avoir vous-même voté négativement ? Je ne le crois pas. Ceux qui ont voté dans ce sens ont la conscience bien légère, je vous l'assure, et telle n'est pas, j'en suis convaincu, la conscience de ceux qui ont voté dans le sens contraire. D'ailleurs vous devez le savoir, puisque votre suffrage a été compté et mis au nombre des millions de *oui* qui ont applaudi le sacrificateur de tant de victimes humaines, qui ont approuvé, ratifié la violation de la souveraineté nationale, cette indigne violation de l'inviolabilité de nos représentants.

Donner successivement à cet homme, à quelques mois d'intervalle, le mandat de représentant du peuple et le titre de Président de la République, c'était commettre deux fautes dont la seconde était de beaucoup la plus grave, mais ratifier les actes du Coup d'État en fut une troisième, horrible, irréparable, qui participait bien moins de l'erreur que du crime, et c'est pour cela, n'en doutez pas, que les conséquences en devaient être si cruelles.

Et, il faut le dire avec douleur, hélas ! le peuple a été à peu près unanime dans son expression. Pauvre peuple !

*
* *

Oui, ainsi que je vous l'ai dit tout à l'heure, ratifier ces actes néfastes, c'était en quelque sorte y collaborer, c'était se constituer le complice de celui qui les avait fait commettre, attendu que c'était l'encourager à en poursuivre les résultats, à en recueillir le bénéfice. C'était, en un mot, y coopérer d'une manière morale, sinon matérielle.

Je ne puis dire que vous ayez avec lui trempé vos mains dans les flots de sang innocent qu'il a fait répandre. Non ! Je me borne à constater — et vous ne le nierez pas, je crois, — que votre indifférence, votre aveuglement tandis qu'on prenait les mesures nécessaires, qu'on préparait les moyens d'action pour en arriver là, et que l'assentiment du peuple dont cette action criminelle fut aussitôt suivie, ont été pour l'aventurier une coopération puissante sans laquelle il ne pouvait rien, sans laquelle cette nouvelle tentative n'eût pas été conçue ou eût échoué comme celles qu'il avait faites antérieurement.

Quant à vous, en ce qui vous concerne particulièrement, est-ce que cette approbation tacite, ou plutôt écrite, que vous lui avez donnée, ne prouve pas au moins que vous partagiez les vues et les sentiments de votre élu ?

Voyons ! si l'on vous demandait aujourd'hui si vous acceptez cette assimilation morale que votre suffrage établit entre vous et lui, quelles autres alternatives vous resteraient que celles de reconnaître qu'il y eut entre vous communauté de sentiments sinon d'action, ou d'avouer avec la plus entière humilité que vous avez voté avec une grande légèreté, c'est-à-dire sans savoir d'une manière précise ce que vous faisiez.

*
* *

Depuis que le coup d'Etat de décembre a eu lieu, il arriva maintes fois qu'il fut mis en question au Corps Législatif.

Je ne crois pas qu'on ait jamais tenté à la tribune de fournir des explications justificatives. Cela n'eût pas réussi sans doute, parce que, au sein de cette assemblée, on savait mieux qu'à la campagne à quoi s'en tenir sur la nature et la moralité du fait.

Cependant, dans ces derniers temps, un ministre de l'Empire, qui peut-être avait mis les mains à l'œuvre et dont la réputation d'habileté tient probablement à ce qu'il nous fit patauger aussi dans la voie où nous sommes empêtrés aujourd'hui, essaya de plaider les circonstances atténuantes en disant que « les millions de suffrages obtenus le 10 décembre portaient absolution ! » Ce à quoi un membre de l'Assemblée répliqua en demandant « quels étaient ceux qui avaient ordinairement besoin d'être absous ? » Le ministre fit la sourde oreille ou feignit de ne pas comprendre le sens de cette interruption à laquelle il lui eût été, en réalité, bien difficile de répondre d'une manière victorieuse.

Néanmoins, c'est, je crois, à un autre point de vue que nous devrons nous placer pour bien fixer à cet égard la vraie signification de ce plébiscite que cet incident parlementaire en vérité n'explique pas. Pour moi, je ne vois rien, et il ne peut rien y avoir d'absolutoire dans le résultat déplorable de ce plébiscite ; il ne peut rien y avoir qui ait quelque rapport à cela, par cette simple raison que l'auteur du coup d'Etat, qui l'avait provoqué, ne se posait pas devant le peuple en pécheur repentant. Quoi qu'on en puisse dire, les faits ne sont pas susceptibles d'être dénaturés. La parole est impuissante à leur donner une qualité, un caractère que la conscience leur refuse. Un vol est un vol, un crime est un crime, et cent millions d'électeurs ne sauraient faire qu'il en soit autrement. Donc, la seule faveur que le Président de la République ait reçue du peuple à la suite du coup d'Etat, par l'expression du suffrage universel, ne pouvait être une bénédiction absolutoire qu'il ne songea même pas à demander, mais ce fut quelque chose de plus, mais ce fut quelque chose de pis, en un mot, ce fut un sacrement de confirmation !

*
* *

Il est à considérer que l'ignorance, l'inaptitude du peuple ne fut pas l'unique conseillère à laquelle est due l'approbation presque unanime qui s'est manifestée au lendemain du coup d'Etat de décembre, et nous devons distinguer ceux qui ratifièrent d'un *oui* inconscient ces actes barbares, d'un certain nombre d'autres électeurs qui, non contents de donner dans le même sens leur suffrage, ont cru devoir, en considération du gain ou des *honneurs*, qu'ils espéraient en recueillir, faire l'éloge de l'homme et l'apologie de ses iniquités, et cela, malgré les avantages d'une instruction élevée, et cela, en dépit d'une compétence morale et politique dont on ne se serait jamais permis de douter. Toutefois, de ces derniers je ne retiendrai que quelques-uns seulement, lesquels, au grand préjudice de la foi et du culte qu'ils détruisent ainsi peu à peu, bien qu'ils s'en croient, bien qu'ils s'en disent les indispensables soutiens, se sont permis, eux, de voir en cela une participation puissante et directe de la Providence! En vérité! je ne sais ce que la Providence aura pensé de ces zélés serviteurs qui l'ont fait participer au rétablissement de l'Empire Français, en favorisant de sa Toute-Puissance la mise à exécution et en assurant le succès de certains moyens auxquels on a eu recours, et qui, tout d'abord, ne paraissent pas d'une délicatesse exquise; mais ce que je sais bien, c'est que, pour mon compte personnel, je me trouverais si peu flatté de me voir attribuer même un tout petit rôle dans cette odieuse tragédie, que je répondrais aussitôt par un magnifique et formel démenti, et que je ne négligerais rien pour obtenir une éclatante rétractation du calomniateur qui aurait osé faire peser sur moi une accusation d'une telle gravité.

Dans la conviction où je suis qu'il serait superflu de vous entretenir longuement de cette légion de fervents apôtres qui se sont évertués à faire de Bonaparte un homme providentiel, un rédempteur de la France, je me bornerai à vous rappeler une sympathique entrevue qui eut lieu un jour entre lui et l'un des plus éminents d'entre eux.

Ce fut à Bordeaux ou à Marseille, je ne saurais me le rappeler d'une manière précise; je suis même un peu disposé à croire que ce fut dans l'une et l'autre de ces deux villes importantes que Sa Majesté fut reçue à quelque temps — peut-être quelques années — d'intervalle, par leur prélat épiscopal, à la porte de leur cathédrale respective et avec toutes les pompes ecclésiastiques.

Car le Président avait déjà entrepris un premier voyage dans le midi de la France peu de temps après le 2 décembre, mais, de ce voyage je ne vous parlerai qu'incidemment : il partit donc escorté et suivi de nombreuses personnes, lesquelles, selon toute apparence, ne l'avaient accompagné que pour se mêler à la foule qui, à chaque étape, s'agglomérait pour le voir passer. De cette foule partaient alors des cris répétés et retentissants de : *Vive l'Empereur!* Grâce à cela, on put constater et proclamer que partout on voulait le rétablissement de l'Empire. On comprend dès lors qu'il lui eût été difficile de résister... *aux désirs du peuple...*

***

Or, si vous vous le rappelez, le Président avait déclaré, à la suite du coup d'Etat, qu'il s'en tiendrait aux dispositions du plébiscite, hormis cependant que les partis vaincus n'attentent à ses jours, auquel cas il demanderait « des pouvoirs plus étendus pour assurer la sécurité publique. » On ne comprenait guère l'à-propos de cette déclaration ni la nécessité de faire connaître cette résolution éventuelle, mais on devinait assez bien ce que ces mots voulaient dire. Au reste, voici une circonstance qui se présente, laquelle nous en fournit une explication suffisante :

Avant que Louis Bonaparte ne parvînt au terme de son voyage — et comme pour lui créer le droit de réclamer les *pouvoirs plus étendus* dont il avait parlé — il arriva que la police, toujours vigilante, et qui sait au besoin découvrir quelque chose où il n'y a rien, mit la main sur un complot qui avait été justement organisé et se tenait prêt à agir contre sa personne. Vous devez vous rappeler en effet qu'on découvrit dans une maison, à proximité de l'endroit où le président devait passer, une machine infernale composée de beaucoup de canons de fusils. Il y avait aussi une grande quantité de projectiles, ce qui faisait voir aux populations exaspérées combien de victimes inoffensives devaient périr avec celui que les coupables voulaient frapper. La nouvelle de ce prétendu guet-apens se répandit dans le monde et y fit autant de bruit qu'en eût pu faire l'explosion de cette mousqueterie si on fût allé jusqu'à la laisser se produire. Mais ce complot, on le sut depuis, n'avait absolument rien de sérieux ; toutefois, comme dans toute pièce bien montée, il faut un certain nombre de tableaux, on avait jugé que ce simulacre d'attentat en était un susceptible d'un grand effet.

Ce qui n'empêcha pas le digne prélat qui le

reçut le lendemain et qui était ignorant de ce truc, de s'y laisser prendre comme beaucoup d'autres et de mêler, en conséquence, à sa harangue de bienvenue, une tirade contre l'enfer et ses « suppôts, » tirade dont le diable dut s'égayer beaucoup.

Je ne vous dirai rien de plus quant à ce premier voyage, sinon qu'il contribua tant au succès de la pièce que bientôt après le Président de la République devint empereur des Français. C'est sous ce nouveau titre que je vais vous le montrer maintenant, voyageant encore.

***

Ce fut à l'occasion d'une grande inondation, je crois, qui dévasta cette même contrée que, Président de la République, il avait parcourue quelques années auparavant, l'Empereur résolut d'entreprendre un second voyage. Sa Majesté se rendit sur les lieux les plus éprouvés où elle distribua en passant, aux grandes acclamations de la foule qui se pressait sur son passage, des secours en argent aux plus nécessiteux, c'est-à-dire quelques minces parcelles de ce monceau de métal précieux que le peuple français devait lui cracher chaque année en rémunération de ses immenses services.

C'est en semant ainsi de nombreuses, mais petites bonnes œuvres que Sa Majesté arriva à Marseille ou à Bordeaux; ma mémoire, je vous l'ai déjà dit, est infidèle sur ce point. Mais peu importe. L'Empereur se dirige droit à la cathédrale, sous le portique de laquelle il se trouve nez à nez avec Monseigneur qui l'attendait à la tête de son chapitre.

Vous raconter de fil en aiguille tout ce qui s'est dit ou fait, en cette occasion, me serait chose impossible, n'y étant pas présent. Néanmoins on peut supposer, sans la moindre exagération, que tout fut mis en branle pour donner du cachet à cette solennité, les cloches et même les bannières, l'encensoir et le goupillon. On ne reçoit pas tous les jours un si grand personnage.

Maintenant, comme vous devez bien le penser, cette réception ne pouvait aller sans une petite allocution sucrée, réciproquement adressée de part et d'autre. En effet, on ne faillit pas à l'ancien usage qui exige que l'on commence par là.

De la réponse qui y fut faite je n'ai guère à m'occuper ; mais quant à l'allocution épiscopale, ce serait réellement me montrer incomplet que de ne pas vous en rapporter au moins un fragment. Peut-être y trouverez-vous, monsieur, vous qui êtes, j'aime à le croire, plus subtil que moi, quelque pensée édifiante que j'y ai cherchée en vain.

« Je suis heureux, sire, dit monseigneur, en

s'adressant à l'empereur, de voir en vous l'homme de la Providence, qu'elle a choisi pour être l'instrument de ses bienfaits. »

Vous avez bien entendu, n'est-ce pas ? Eh bien ! voyez comme ces félicitations étaient données à propos et comme elles étaient bien méritées : la France, quelque temps auparavant, avait été frappée du coup d'État. Le sol français avait été, par le fait de *cet homme de la Providence*, rougi en maints endroits du sang d'un grand nombre de citoyens dont je vous ai dit le crime. La terre venait de se fermer sur les cadavres de beaucoup de braves qui avaient reçu la mort dans l'accomplissement de leur devoir, je veux dire, pour nous conserver cette impérissable République que nous n'aurions pas besoin de payer si cher aujourd'hui, si, comme eux, chacun de nous l'eût défendue. Les navires français, aux ordres d'un Corse, avaient transporté dans la Guyane ou en Algérie, les livrant à toutes les cruautés de l'exil et d'un climat meurtrier, ces nobles vaincus qui, traqués de toutes parts, avaient eu le malheur de se laisser piger.

*
* *

A propos, vous ne vous êtes jamais inquiété du sort qu'ont subi les proscrits, je suppose ? Eh bien, si aujourd'hui vous êtes anxieux de savoir ce qu'ils sont devenus pour la plupart, je puis vous en dire quelques mots :

Par exemple, la mort qui fut infligée à ceux-là fut une peine bien douce comparativement à l'existence de ceux-ci qui fut un long long et douloureux martyre. J'ai vu moi-même plusieurs de ces infortunés, condamnés à vivre au milieu de ce foyer pestilentiel qu'on appelle la plaine de la Métidja. Leur aspect misérable, maladif, ainsi que les rapports qu'ils me firent sur la situation qui leur fut faite dans cette contrée inhospitalière, m'apprirent dans quelle affreuse proportion ils succombèrent, et combien, avant d'en arriver là, leur vie fut cruellement, lentement consumée par les fièvres, à l'épreuve certaine desquelles ils étaient voués par cette condamnation aussi injuste que rigoureuse.

Enfin, s'il en fut parmi eux quelques-uns assez robustes pour résister aux attaques terribles de ce climat meurtrier, je pus me faire une légère idée de ce qu'ils avaient eu à en souffrir. Oh ! oui, le tableau que j'ai vu là était bien digne de l'artiste qui y avait mis la main.

Après huit années d'exil et de souffrance, il y eut, je le sais, amnistie générale... pour les survivants. Mais ceux qui étaient morts, quelle réparation, quelle faveur leur sera accordée ? Hélas ! déjà l'heure de la vengeance semble être arrivée ! L'heure de la réparation viendra aussi, n'en doutez pas. Ces proscrits sont morts pour une juste cause ; ils avaient le droit pour eux ; ils se sont sacrifiés pour nous, qu'ils reposent en paix ! L'histoire, tôt ou tard, saura leur rendre justice.

*
* *

En attendant, si vous voulez savoir ce que pensait le clergé de ces attentats, il faut nous reporter à ce petit fragment que je vous ai cité et qui émane de l'un de ses principaux membres.

Les ministres de notre religion, les princes de l'Eglise catholique ne s'élevèrent pas contre de si cruelles injustices ; ces apôtres d'un Dieu de bonté et de miséricorde se montrèrent au contraire impitoyables, se trouvant « heureux » de voir en Bonaparte l'homme que la Providence avait choisi pour être l'instrument de ses bienfaits !

Eh ! quoi ! Monseigneur ! le parjure, le coup d'Etat, toutes ces victimes innocentes ! Vous ne pensiez donc plus à cela ?

Avez-vous oublié tous ces grands péchés, ou les avez-vous effacés ?...

*
* *

Tenez, mon cher monsieur, dans l'intérêt même de la foi, je vous conseillerai, en égard à cela, de faire comme moi, ce qui veut dire que je ne vous conseillerai pas de prendre au sérieux ces paroles de monseigneur, ni de croire, ne fût-ce qu'un tant soit peu, à l'intervention propice de notre Dieu commun dans cette affaire diabolique, attendu qu'il nous serait impossible de concilier la croyance qu'il se fit l'auxiliaire de Bonaparte dans l'accomplissement de ces ignominies, avec celle que nous devons avoir de sa bonté ineffable, de son amour du bien et de la justice. D'ailleurs, de notre temps, — il sera bien permis à un déiste de s'en plaindre, — oui, on abuse beaucoup trop de ce nom ; et c'est un tort grave, un péché mortel, peut-être, — nosseigneurs n'y songent pas assez, — que de faire jouer ainsi à la Providence le rôle principal dans des tragédies de ce genre. Ces attestations, ces déclarations imprudentes ont-elles d'autre effet que celui de mettre toute personne un peu intelligente dans la nécessité d'en conclure que ceux qui les ont prononcées sont dans l'erreur, ou que, s'ils sont dans le vrai, la Providence est réellement aussi injuste et sanguinaire qu'ils nous l'ont montrée !

Qui les a inspirées, ces paroles anti-chrétiennes, scandaleuses, sacriléges ? Une fausse interprétation des faits ? Non ! Une confiance absolue, une foi entière en ce qu'ils disaient ? Pas davantage.

La perspective d'une faveur terrestre qu'il entrevoyait et qu'il espérait obtenir, moins par la grâce de Dieu que par la volonté de son auguste visiteur, fut, selon toute apparence, la seule chose qui fit notre excellent, notre *heureux* prélat, s'exprimer ainsi. Et je crois, en effet, à l'appui de mon opinion, que Monseigneur a recueilli, peu de temps après, un avantage marqué de l'accueil flatteur qu'il fit au chef de l'Etat. Si je ne me trompe, il a gagné ce jour-là, tant par son amabilité que par sa grande indulgence, des épaulettes d'archevêque, ou un chapeau de cardinal, ou un siége mieux rétribué, ce qui l'aura indemnisé largement, espérons-le, de ses frais de représentation et de son discours qui, je le crois, aura dû lui coûter beaucoup.

*
* *

Les uns obtenaient ainsi les faveurs, les marques de distinction qu'ils convoitaient, les autres ne songeaient qu'à faire leur fortune ou à l'augmenter; l'or abondait; tous étaient enchantés, satisfaits, repus, ravis. Tout était pour le mieux, tout allait bien. Quel beau temps! Pourvu qu'il dure.....

Pour le fixer, vous, vous n'avez trouvé rien de mieux à faire que de vous plier complaisamment à toutes les volontés du gouvernement, que de vous prêter à tous ses désirs. Pendant vingt années vous lui avez donné autant de *Oui* qu'il vous en a demandé. En outre, vous avez élu, après les avoir acceptés de sa main sans vous donner la peine de les examiner, tous les candidats qu'il vous recommandait. Ceux-ci, en reconnaissance de sa haute protection, en retour de ce patronage officiel, ne refusaient rien au gouvernement de ce qui lui pouvait être agréable. Et, pendant ces vingt années, la voix de quelques sages, sentinelles vigilantes, qui vous criaient sans cesse : *Sine virtute et justitia nihil stabit,* était couverte par les rumeurs, les dénégations, les cris rauques d'une majorité arrogante, était étouffée par les *Te Deum* et les *Alleluia* de l'Eglise.

Vous eussiez dédaigné, en ce temps-là, de poser une heure, ainsi que vous le faites aujourd'hui, pour entendre des raisons dans le sens d'une politique différente de celle qui était suivie : votre unique désir était de satisfaire à ceux de votre élu. Mais les événements vont, je l'espère, vous désiller les yeux, et bientôt le temps ne sera plus où vous ne voyiez que des rouges en ceux qui ne voyaient pas comme vous tout en rose.

***

Oui, pendant vingt années, vous avez fait preuve de la plus plate soumission, et malheureusement il y avait en France plusieurs millions d'électeurs qui s'y étaient abandonnés comme vous.

Vous le trouviez merveilleux, tandis que je le trouvais alarmànt; vous croyiez marcher à la gloire, à la fortune, tandis que moi qui vous semblait si malveillant, si mal pensant, en refusant de vous suivre ou en ne marchant qu'à regret, je prévoyais avec raison que vous nous conduisiez à la honte, à la ruine. Et le gouvernement qui dirigeait cette marche triomphale, ne se doutait pas plus que vous que nous allions vers un abîme où, d'une façon ou d'une autre, il finirait aussi par se casser le cou! Il était tellement aveuglé par les résultats qu'il obtenait au moyen du suffrage universel, il était tellement convaincu que vous vous acquittiez au mieux de ses intérêts, des devoirs qu'il vous dictait, qu'à l'occasion de chaque élection nouvelle il déléguait au Corps Législatif un organe choisi qui ne manquait pas de féliciter les électeurs en faisant sonner bien haut que le peuple des campagnes était particulièrement « très-intelligent. » Il est inutile de vous rappeler qu'à ce passage du discours la voix de l'orateur était couverte par de chaleureux applaudissements.

Toutefois, il est à croire que cette déclaration flatteuse, à l'adresse des électeurs de la province, n'avait d'autre but que de les encourager, de les exhorter à se montrer toujours, en pareilles circonstances, aussi serviles et obéissants, car, à titre unique de simple information, cette douce congratulation me paraîtrait, j'ose le dire, tout à fait inopportune et prématurée. En effet, il n'était guère besoin de dire aux électeurs des campagnes, à propos de leurs votes, qu'ils étaient intelligents, attendu que, si on ne le leur avait pas dit, ils s'en apercevraient bien aujourd'hui.

VI

Enfin, monsieur, avez-vous été le complice, l'auxiliaire réfléchi de Bonaparte quand il s'est agi pour lui de réaliser ses belles espérances, de mettre à exécution ses coupables projets?

Avez-vous été réellement animé de sentiments pervers, d'intentions criminelles, dans l'accomplissement de vos devoirs de citoyen? Non, monsieur; telle ne fut jamais mon opinion de vous-même. Mais, si vous êtes à l'abri d'une accusation de cette nature, si vous échappez à un tel soupçon, à quoi le devez-vous? Eh mon Dieu! vous le devez à votre ignorance.

Oui! c'est votre ignorance seule qui vous couvre, qui vous rend excusable, qui vous donne droit à l'indulgence de ceux qui, plus éclairés que vous, ont pu agir différemment et en meilleure connaissance de cause. Il n'y a pas à réclamer sur ce point, monsieur, il vous faut reconnaître et avouer votre ignorance sinon il n'y aurait pas pour vous de miséricorde à attendre.

Vous comprendrez en effet que, par votre approbation, vous vous associiez au moins moralement à l'auteur des crimes qui ont été commis, si vous prétendez l'avoir donnée après mûre réflexion ou parfait discernement.

*
* *

Quelque dure qu'elle vous paraisse, vous n'avez aucune raison de vous offusquer de ce que je me permets de vous accuser d'ignorance, parce que, de ce qu'il ignore certaines choses, certaines questions dont l'étude lui a peut-être été défendue, un homme ne saurait être blâmable. Ce n'est donc pas à votre caractère, à vos sentiments ni à vous-même, mais c'est à d'autres qu'il faut s'en prendre de vos malheureuses décisions en matière électorale ; et c'est dans un défaut de savoir qu'il convient, qu'il est juste d'en rechercher la cause.

Cette ignorance que je vous signale, que je regrette, que j'accuse, je ne prétends point vous en faire un crime bien qu'elle nous soit fatale ; cependant, je ne puis m'empêcher de vous en faire un reproche, attendu que vous n'avez pas saisi avec assez d'empressement, ou plutôt, que vous avez dédaigné constamment de saisir les occasions qui vous étaient offertes de la diminuer par des connaissances qu'il vous était loisible d'acquérir. Cette ignorance, je l'ai constatée en vous chaque fois que vous fut donnée l'occasion d'aborder, de résoudre, par votre suffrage, des questions de haute importance politique; mais elle ne saurait exclure bien entendu les connaissances que vous possédez sur des matières différentes, auxquelles je me suis toujours plu d'ailleurs à rendre hommage. Qu'il soit donc bien établi qu'il ne s'agit spécialement ici que de connaissances politiques, que de ces connaissances que je place au premier rang entre toutes et que vous avez négligé d'acquérir, vous désintéressant trop des questions qui s'y rattachent. Ces connaissances ne sont pas cependant les moins indispensables; on trouve au contraire que ce sont celles qui le sont le plus quand on sait que quiconque ne les possède pas est sans cesse exposé à voter contre sa dignité, contre ses intérêts, sa liberté, ses droits et sa propre existence.

Un exemple entre tous : Qui a conduit la France à l'abîme? Sur ce point, vous vous ferez bientôt, je le prévois, une opinion erronée qui vous portera à accuser ceux-ci ou ceux-là sans que vous puissiez jamais vous appuyer sur la moindre donnée sérieuse. Pour moi, ceux qui ont conduit la France à l'abîme ne sauraient être en aucune façon ceux qui sont montés avec nous et au même titre sur le char de l'Etat, mais bien ceux qui l'ont dirigé. Pour moi, ceux qui ont conduit la France à l'abîme sont nos élus, nos mandataires, nos gérants; ce sont ceux à qui nous avons confié la mission de nous représenter et de sauvegarder à la fois nos intérêts et l'honneur national.

Or, par une imprévoyance incroyable, par suite de grosses maladresses, ils sont la cause directe des malheurs de la France, il est vrai; mais, nous qui les avons choisis, n'en sommes-nous pas la cause majeure, quoique indirecte?

A ce sujet, je dois vous faire observer cependant que ce serait commettre une grande injustice que de rejeter sur chacun de nos mandataires une part égale de responsabilité en présence de la situation malheureuse dans laquelle nous nous trouvons. Non, soyez-en persuadé, cette responsabilité ne saurait peser ainsi sur tous indistinctement; elle pèse d'une manière exclusive sur cette fraction nombreuse, dominante, régnante, qu'on désigne sous la dénomination collective de *majorité*, attendu que c'est la majorité qui gouverne dans un Etat.

Exceptionnellement, quelques membres peuvent faire défection sur des questions de faible importance, mais cette majorité, se retrouve toujours aussi compacte, unie, d'accord, dans les cas graves où il s'agit de prendre telles ou telles mesures législatives de sérieuse conséquence, contre lesquelles cette autre fraction, dite minorité, n'a fait que protester, le plus souvent.

Dans un état quelconque, ce n'est donc point en aucune manière, ni si peu que ce soit, la minorité qui gouverne, c'est la majorité. Or, c'est donc à cette majorité qu'il convient de demander compte d'une situation qu'en réalité elle a faite. Si cette situation était satisfaisante, est-ce qu'il viendrait jamais à l'idée de quelqu'un d'en féliciter les membres de la minorité? Non, sans doute. Eh bien! donc!.....

*
* *

D'après cela, ne voyez-vous pas, monsieur, de quelle nécessité il est que chacun de nous possède les principaux éléments de la science politique, afin de bien apprécier le mérite, les sentiments, le caractère, l'opinion des candidats entre les mains desquels nous remettons les destinées de notre Patrie? Est-ce vous, monsieur, qui pouvez nier ou méconnaître cette nécessité qui nous est faite de procéder à une enquête minutieuse préalable sur les dispositions de nos candidats et de contrôler leur gestion quand nous les avons élus, vous qui, chef d'une exploitation agricole, vous enquérez, avec un soin si scrupuleux, des antécédents, des états de service, de l'aptitude d'un simple journalier qui vous fait l'offre de ses bras, et qui ne cessez de le surveiller, de vous rendre compte de l'emploi de son temps quand vous l'avez admis à prendre part à vos travaux ? Ne voyez-vous pas que vous prenez toutes les mesures nécessaires à l'égard de ce modeste ouvrier, afin que, par quelques demi-heures perdues chaque jour, il ne puisse détourner, dans le cours d'une saison, quelques écus de votre sac, tandis que vous n'en prenez aucune à l'égard de vos mandataires législatifs qui, par leur incurie, leur inexpérience, leurs fausses décisions, peuvent mettre toute une nation en péril et ouvrir aux réquisitionnaires étrangers les portes de toutes les fermes de notre contrée ?

Car, à quoi attribuer cette guerre désastreuse si ce n'est à ce que la France a manqué de législateurs et de fonctionnaires qui fussent à la hauteur de leur mission ? Et à qui tient-il qu'elle en soit abondamment pourvue, si ce n'est aux électeurs souverains, lesquels, ayant à choisir les premiers dont émanent les seconds, ne doivent pas être dans l'impossibilité notoire de soumettre leurs actes et leurs discours à un contrôle intelligent, actif, éclairé, salutaire ?

Je n'ignore point que cette fatale impossibilité résulte de cet état d'ignorance dans lequel on les maintient au nom de certaines lois draconiennes, sous le prétexte fallacieux de les tenir éloignés le plus possible d'un contact corrupteur, ou de les protéger contre les tentations démagogiques auxquelles ils pourraient succomber, etc., etc.

Oui, je le sais, de nos jours les mandataires du peuple portent au suprême degré l'abus de leur mandat. Après l'avoir obtenu par la dissimulation de leurs tendances politiques, tendances qu'ils travestissent dans une profession de foi postiche, la plupart l'exercent en se substituant en toutes circonstances au mandant dont ils méconnaissent alors ou ne respectent plus la qualité, et s'en font, en quelque sorte, un pouvoir illimité, une procuration générale dans laquelle ils puisent quelquefois le droit... c'est-à-dire le moyen d'interdire ceux qui le leur ont conféré. Quant à ces derniers, eux, ils sont tellement habitués à cette manière de procéder qu'ils la croient juste et toute naturelle.

*
* *

Outre qu'elles ne leur sont guère permises, il est quelques scrupules qui disposent le plus grand nombre des électeurs à dédaigner les études politiques et à se désintéresser de l'administration des affaires publiques. D'abord, ils se font des questions qui s'agitent dans cette sphère dont l'accès leur est si soigneusement fermé, un mystère qu'ils croient au-dessus de leur intelligence ou dont la révélation présenterait de sérieux dangers. Mais ce sont là deux erreurs funestes, sachez-le, car la science de la bonne politique, comme de la bonne administration, — celle du moins à laquelle tout électeur doit être initié — est utile et peut s'acquérir avec la plus grande facilité. Cette science est à la portée de tous, et chacun pourrait la posséder au degré suffisant s'il nous était permis d'étudier librement dans ce but. Officiellement maudite, honnie, incriminée de nos jours, cette science ne s'en recommande pas moins, tant par les nombreux services qu'elle a rendus à l'humanité que par ceux qu'elle est appelée à rendre encore, et figurera un jour, bientôt peut-être, en tête du programme de l'éducation sociale des peuples.

*
* *

De ce que l'on voit souvent de prétendus grands politiques, de prétendus grands hommes d'Etat, commettre des fautes monstrueuses, il ne faut point conclure que la tâche qu'ils ont à remplir est naturellement pénible, difficultueuse, ardue, et, par cette raison qui en définitive n'en est pas une, que nous ne saurions raisonnablement prétendre à discuter, traiter, résoudre d'une manière convenable des problèmes paraissant ainsi être fort délicats et très-complexes. D'ailleurs, la situation actuelle est bien faite pour légitimer nos prétentions à ce sujet.

*
* *

En ce moment où nos grands maîtres en politique et en administration perdent la tramontane, s'évanouissent, se dérobent, qui oserait nous contester le droit d'intervenir ? Qui oserait nous dire aujourd'hui que la direction de nos propres affaires ne nous regarde pas ? Qui oserait nous dire que de vulgaires facultés n'étant point à la hauteur de ces questions réservées, nous devons, nous pouvons garder une attitude passive et nous abstenir de toucher à ces fruits défendus, qui en somme appartiennent à tous et qu'on désigne sous les noms de Politique et Administration ? Qui oserait revendiquer la possession, la jouissance exclusive de ce droit que le bon sens nous dit être commun et en vertu duquel il existe des devoirs publics que chacun doit remplir ? Qui ? Qui, je vous le demande? quand ceux que nous croyions les plus autorisés, ceux qui, pendant de longues années, ont été investis du pouvoir absolu, de faire bonnes et belles les destinées d'une grande nation, nous ont préparé ce spectacle féroce dans lequel nous avons des preuves irrécusables de nature à établir que Politique et Administration furent aussi maltraitées ou viciées par eux qu'elles auraient pu l'être, au pis-aller, par de modestes citoyens auxquels ils permettaient à peine d'en faire le sujet d'un innocent entretien.

Voyez plutôt le désarroi, le désordre général, cette dislocation, cette incurie, qui se déclarent, qui se révèlent de toutes parts dans les différentes branches de chaque administration, quel que soit le ministère auquel elles se rattachent !

Ah ! il nous fallait donc des événements comme ceux-là pour nous montrer de quoi étaient capables tous ces favoris d'un pouvoir impérial, impérieux, aussi jaloux de leurs fonctions qu'inhabiles à les bien remplir ! Il nous fallait donc le bruit des décharges d'artillerie pour nous tirer de cet état léthargique ! Il nous fallait donc, à défaut des lumières de l'instruction et de celles que procure une sage liberté, le feu des armes meurtrières, la lueur des incendies, pour dissiper ces ténèbres épaisses qui nous enveloppaient et ne nous permettaient pas de voir le fond des choses !

Ah ! si les fréquents avertissements qui nous furent donnés ont été inutiles, nous devons voir aujourd'hui qu'ils n'étaient pas inopportuns.

*
* *

Toutefois, de quelque manière qu'elle se fasse, nous devons accueillir avec une joie bien vive, quoique mêlée d'amertume, cette horrible clarté qui nous laisse voir de quoi était formée la base de votre édifice gouvernemental, car il pouvait nous en coûter davantage de demeurer plus longtemps dans ce dédale obscur.

Puisse-t-elle, cette clarté, être assez lumineuse pour nous faire voir à tous que, quand elle fut frappée par l'étranger, la France était tombée... tombée sous les coups partout répétés de lois impures et d'une corruption qui, depuis longtemps déjà, ne respectait plus rien.

*
* *

D'après ce qu'il nous est donné de voir en ce moment, quel est le citoyen, l'électeur un peu intelligent qui, quand le moins semble impossible, ne soit en droit de se targuer d'une aptitude politique supérieure à celle dont ont fait preuve la plupart des ministres de nos différents départements ?

D'ailleurs, on s'exagère outre mesure la grandeur et le nombre des difficultés que doit surmonter un gouvernement dans l'accomplissement de ses devoirs, et c'est bien à tort qu'on les croit inévitables, car, en vérité, elles ne le sont pas. Non, il n'est point difficile, comme vous le pourriez supposer, de *bien* gouverner trente-huit millions d'âmes ; mais ce qui l'est, par exemple, je le reconnais, c'est de les *mal* gouverner.

N'oubliez jamais — du reste vous en avez des preuves à chaque instant — n'oubliez jamais, dis-je, que si la tâche gouvernementale et administrative d'une grande puissance se complique ou se compose de nombreuses et graves difficultés, ces difficultés naissent le plus souvent du vice même des principes autoritaires ou de l'ineptie, de l'imprévoyance de ceux qui ont mission de les appliquer.

Pour justifier ce que je vous dis à ce sujet, il me suffira sans doute de vous montrer les fonctionnaires publics, nos mandataires, nos ministres, dans la lutte qu'ils soutiennent contre les éléments d'opposition qu'eux seuls ont créés :

Voyons ! est-ce que les principaux obstacles qu'ils rencontrent, ainsi que la résistance acharnée qui leur est faite, ne proviennent pas de la mise en vigueur de certaines lois dites conservatrices ou préservatrices, en présence desquelles se révolte le plus simple bon sens ?

Est-ce qu'ils ne doivent pas à chaque instant, pour bien faire observer ou comprendre le respect qui, selon eux, est dû à ces lois étranges, se prendre corps à corps, se colleter avec cette marée montante qui a nom *civilisation* et lutter sans relâche ni merci, par les moyens d'une foule d'articles impossibles, contre ce courant impétueux d'idées nouvelles, de réformes utiles qu'elle porte avec elle ?

*
* *

Guerre à outrance ! c'est le mot *d'ordre* qui,

parti d'en haut, est donné à notre armée de fonctionnaires et de magistrats dont le rôle principal se réduit à dépister les idées démocratiques et à les poursuivre. Ces idées, ils les désavouent, ils les repoussent, il est vrai, mais non point précisément parce qu'ils les trouvent mauvaises au fond, mais parce qu'elles ne sont point celles dont ils sont imbus eux-mêmes, ou parce qu'elles comportent des modifications susceptibles d'être apportées à un ordre de choses établi dont ils ne se trouvent point mal. De sorte que les plus grandes difficultés qu'ils éprouvent dans l'accomplissement de leur tâche, et d'où résulte le malaise, l'agitation, l'inquiétude qui parfois s'emparent des esprits, ne proviennent que d'un dissentiment politique dont le pouvoir veut avoir raison. A mon avis, il serait plus sage de s'en rapporter au bon sens public, en lui laissant le soin de faire justice. Mais le bon sens public étant condamné d'avance... à ne point intervenir dans un débat où s'agitent les questions sociales, sans doute parce qu'il pourrait tout gâter en les tranchant de travers, il arrive que le dissentiment se perpétue, que les difficultés s'aggravent et que la situation devient grosse de dangers, sans qu'on cesse jamais, pour cela, de travestir ces idées nouvelles en leur donnant une figure qui n'est point la leur, une couleur qu'elles n'ont pas, afin de se faire, de l'horreur qu'on paraît en concevoir, une raison de harceler sans pitié quiconque tend à les propager et à les faire prévaloir.

De là ces protestations, ces réclamations, ces conflits de chaque instant entre les apôtres de la doctrine politique de l'avenir et les gouvernements qui ne veulent rien changer à celle du présent.

De là ces difficultés, beaucoup moins naturelles qu'artificielles ou artificieuses, que nous croyons inhérentes à la tâche d'un gouvernement, tandis qu'elles ne se produisent que parce que l'on persiste à vouloir donner aux questions sociales qui en sont l'objet une solution tout autre que celle qu'elles réclament.

De là aussi cette avalanche, ce feu nourri de procès-verbaux, d'accusations et de condamnations qui, lorsqu'on envisage que nous n'avons jamais cessé d'avancer malgré toutes ces embûches, nous semblent avoir même si peu ralenti la marche du progrès qu'on est presque tenté de croire qu'une répression sévère dans ce cas produit toujours un effet contraire à l'effet attendu.

*
* *

Sous un régime monarchique la science politique, en quelque sorte prohibée, est généralement négligée, et les efforts de l'autorité tenden à conserver à une certaine classe de gens que la naissance ou la fortune a favorisés, le privilége de gouverner et administrer les sujets.

Sous un régime sincèrement républicain, il n'en est pas tout à fait de même : L'étude de la science politique est libre, et recommandée même à tous les citoyens, afin qu'ils y puisent les moyens de se bien gouverner eux-mêmes en déléguant pour remplir des fonctions gouvernementales, législatives ou administratives, des représentants, des mandataires ayant avant tout un réel mérite et un talent incontestable.

En résumé, en quoi consiste cette science politique qui vous paraît comporter des secrets que vous désespérez sans doute de pouvoir jamais pénétrer? La science politique, monsieur, comprend tout ce qui a quelque rapport à la forme d'un gouvernement et à ses actes. Elle ne traite que de questions ayant pour objet le bien-être des peuples.

Or, les différentes opinions que nous nous formons au sujet de ces questions spéciales sur lesquelles nous sommes si profondément divisés, comme toutes les autres sur lesquelles il ne peut exister, du point de vue de chacun, qu'un léger dissentiment, sont bonnes ou mauvaises, justes ou fausses, en cela semblables aux propositions multiples qui en dérivent. Ainsi, par leur nature, les questions politiques sont généralement limpides, attendu qu'elles sont bien moins du domaine d'une instruction supérieure ou de longues études que du ressort de la conscience et de l'intelligence humaines. C'est donc à notre intelligence et à notre conscience que nous devons demander le secret de les bien traiter et de les bien résoudre. Or, chacun de nous possède des facultés qui nous permettent de voir clair ou qui nous enseignent à penser juste. C'est là toute la loi, c'est là toute la science politique. Seulement, quant à ces facultés, il nous reste à désirer qu'on nous autorise à les exercer désormais.

*
* *

Si, loin de nous laisser conduire, égarer par des sentiments inavouables, nous ne nous inspirions que de nos facultés intellectuelles, nous serait-il donc si difficile de distinguer ce qui est juste de ce qui ne l'est pas ? Non !

Pour les uns comme pour les autres, pour tous enfin, la bonne solution de toute question politique est affaire de dictamen, est visible à l'œil nu....., et soyez convaincu que ceux de qui dépend cette solution s'y tromperaient moins souvent s'ils ne subissaient l'influence de certaines considérations, s'ils n'agissaient en égard à certaines vues qui ne sont pas plus consciencieuses qu'intelligentes, et surtout s'il était donné à chacun de nous ce qui lui manque pour exercer un contrôle sévère et permanent dans lequel on finira tôt ou tard, croyez-le bien, par chercher des garanties sérieuses d'une excellente gestion.

*
* *

Vous vous étonnerez sans doute de ce que je demande, pour tout citoyen, l'autorisation de se servir de ce droit qui lui appartient de connaître, de discuter l'opinion ou les actes de ses mandataires et de veiller à la bonne direction des affaires publiques. C'est encore une proposition, celle-là, qui, j'en suis sûr, va vous sembler extravagante, anarchique, subversive, démagogique et de couleur écarlate. Mais, si vous vous imaginez que cette ingérence populaire, que je crois salutaire, puisse avoir de graves inconvénients, songez un peu, je vous prie, à ce qu'il nous en coûte de les avoir abandonnées sans réserve au gré de quelques directeurs omnipotents.

Selon moi, rien ne serait plus facile que de faire régner un accord parfait à la place de cette dissidence déplorable qui subsiste parmi nous, en ce qui a rapport aux questions politiques, et nous pouvons juger d'avance quels immenses avantages en résulteraient pour notre pays. Eh bien ! qu'on le veuille seulement et qu'on lève les obstacles au lieu d'en inventer, d'en forger chaque jour de nouveaux ; l'initiative individuelle saura faire le reste.

Pourquoi d'ailleurs en serait-il autrement de nos facultés intellectuelles que de nos facultés physiques ?

En ce qui touche les facultés morales et intellectuelles, vous savez à quoi vous en tenir, je vous ai dit ce que c'est. Maintenant, j'entends par facultés physiques, les cinq sens dont tout être humain bien organisé est pourvu avec une faveur un peu plus ou moins grande.

Grâce au libre usage qu'on nous permet de nos organes, nous nous entendons à merveille sur la couleur, la forme, les proportions des objets ou des choses qui s'offrent à *la vue*.

Nous jugeons par le *goûter* de la qualité bonne ou mauvaise d'une liqueur quelconque qu'on nous invite à déguster. Il en est de même quand, au lieu d'une liqueur, c'est d'un petit plat qu'il s'agit.

Quand un son qui frappe nos oreilles est tiré d'un tambour ou d'une clarinette, il est rare qu'il se présente un opinant qui prétende qu'il s'est échappé d'une cloche. On s'accorde également très-bien sur le degré de force et sur les accords plus ou moins harmonieux de sons différents.

Nous nous accommodons chacun avec un plaisir égal d'une essence aromatique : en cela encore, ce qui est agréable à l'odorat des uns ne saurait être nauséabond à l'odorat des autres.

Quant au *toucher*, nous distinguons parfaitement un corps dur d'un corps moelleux, ou spongieux.

Enfin, sur toutes ces questions, il n'y a jamais eu de contestations sérieuses. L'histoire ne dit pas non plus que les nations se soient à telle ou telle époque déclaré la guerre à cette occasion. Sans parler de légers dissentiments qui se produisent quelquefois et qui sont aussitôt effacés par de petites concessions qu'on se fait réciproquement avec une aimable complaisance, devons-nous conclure de cet accord que nos sens sont sûrs et infaillibles, tandis que notre intelligence ne l'est pas? Non! ce serait commettre une erreur à l'égard de notre intelligence qui est tout aussi sûre et infaillible que le sont nos organes. Je n'ignore point que les opinions différentes que l'on professe tendent à me démentir; mais si nous sommes si divisés sur les questions qui se soumettent à notre intelligence, voyons si cela ne tient pas à certaines causes vicieuses qui la corrompent.

Par exemple, nous n'avons jamais eu et n'aurons jamais à soutenir aucune guerre à ce sujet, j'en suis convaincu, mais en serait-il ainsi, dites-moi, si nos intérêts nous semblaient engagés sur ces différents points où nous avons à émettre un avis d'après nos inspirations ou nos sensations organiques ? *La rose est plus belle que... la tulipe...*: voilà je crois une proposition incontestable. Cependant, s'il semblait à quelques-uns qu'il y a quelque chose à gagner, quelque profit à recueillir en faisant admettre une opinion différente, nul doute que nous ne voyions bientôt se former un parti qui ferait tous ses efforts, qui irait même jusqu'à nous fermer hermétiquement les paupières pour nous faire accroire que... *la tulipe est plus belle que la rose.*

Qu'adviendrait-il, je vous le demande, si, sous ce prétexte : qu'ils poussent à la haine et au mépris des citoyens les uns contre les autres, on s'avisait un jour, par des moyens ou décrets quelconques, de supprimer, fausser, altérer nos organes ? Croyez-vous que la paix perpétuelle dont nous jouissons et qui semble avoir pour bases inébranlables la libre et entière jouissance de nos facultés physiques, ne dégénérerait pas en désordre, en rixes violentes, si nous étions obligés de nous bander les yeux, de nous boucher les oreilles, faute de pouvoir acheter par un cautionnement de quatre ou cinq mille écus, l'autorisation de voir, entendre, respirer à volonté ?

Règle générale, sans exception : Si l'on prive quelqu'un de l'un ou l'autre de ses cinq sens, il devient infirme.

Si on lui garrotte les bras ou les jambes, il devient impotent. Et, si c'est à son esprit, à son intelligence qu'on s'attaque. Oh! alors, c'est bien pis, on en fait un insensé, incapable de bien penser, agir et raisonner. A ce dernier propos, si je vous demandais si l'ignorance, l'idiotisme politique d'un peuple, ont quelquefois contribué à son bien-être ou à la durée d'un gouvernement qui l'aurait voulu ainsi, il me semble que le moment serait mal choisi pour émettre un nouveau *oui*. Hein! qu'en dites-vous?

*
* *

Sachez, monsieur, que si l'espèce humaine a reçu de la nature tous ces avantages, c'est afin qu'elle s'en serve et qu'elle en tire tout le bon parti qu'il soit possible d'en tirer, et qu'il n'est pas moins stupide et burlesque de comprimer l'essor, le libre exercice de ses facultés morales et intellectuelles qu'il ne le serait de lui interdire la circulation ou de la tenir constamment en laisse. A ceux qui peuvent justifier les mesures de précaution qu'on prend contre son esprit, des raisons de même genre et de même valeur ne sauraient manquer pour motiver celles-ci.

*
* *

Si encore il n'y avait rien autre chose que de stupide, d'injuste et de burlesque dans la suppression partielle de nos facultés intellectuelles, j'en rirais peut-être un peu, avant de m'en effrayer; mais n'y avait-il rien, dans les mesures préventives qu'on prenait contre le développement de l'intelligence humaine en lui rendant difficile, onéreux, périlleux, l'abord des questions politiques, n'y avait-il rien, dis-je, qui ne fût en même temps, méchant, criminel, funeste ? Ne voyons-nous pas, quand nous nous trouvons en présence d'une foule de contestations, de conflits, et surtout de catastrophes comme celle que nous venons d'éprouver et de semblables qui nous menacent encore, ne voyons-nous pas, dis-je, que cette intelligence politique populaire, dont nous ne saurions avoir jamais rien à craindre et contre laquelle, néanmoins, on réagissait avec tant d'énergie et de sévérité, est un rouage indispensable ? Ne voyons-nous pas que la situation présente tient à une infirmité morale ou, si vous l'aimez mieux, à une éclipse partielle de notre intelligence, et qu'elle résulte uniquement de ce fait : qu'il y a en nous, ou plutôt dans notre organisme, quelque chose, certaines facultés enfin, qui ne fonctionnent pas du tout chez les uns, pas assez librement chez les autres.

***

D'après ces observations, vous devez savoir maintenant, monsieur, si vous l'avez ignoré jusqu'à ce jour, quelles sont les conditions anti-politiques dans lesquelles le peuple français a depuis longtemps vécu. J'ai le regret de vous le dire, mais vous n'êtes pas, vous, compris dans le nombre de ceux qui firent exception ; vous avez subi sans sourciller, la règle générale, la loi commune. Oui, en ce qui a quelque rapport à la politique, s'il en fut qui, ayant compris le besoin de s'instruire, y sont parvenus malgré tous les obstacles qui leur furent opposés, vous n'êtes pas de ceux-là. Vous vous êtes soumis de la manière la plus docile à ces lois étranges, anti-patriotiques, qui, en vous condamnant à l'ignorance, vous dérobaient la marche véritable de vos affaires les plus importantes.

Croyez bien que je n'ai nullement le dessein de vous offenser en vous répétant que, en ce qui touche les questions politiques vous êtes resté un parfait ignorant. Quelque dure qu'elle puisse vous paraître, cette expression ne tire pas à conséquence, car il ne serait point juste de vous blâmer plus qu'il ne convient d'ignorer une science dont l'étude des notions préliminaires nous a été, à peu près, interdite à tous par la législation de notre pays.

C'est sur ceux qui nous ont réduits à cet état d'infériorité morale, en frappant d'impuissance ou de paralysie notre intelligence politique, au moyen de dispositions dites légales, que retombe tout entière la responsabilité de vos actes et des conséquences qu'ils ont produites. Pour ce qui est de vous, je vous trouve excusable, convaincu que je suis que vous avez agi sans le moindre discernement.

De plus, je vous trouve bien à plaindre parce que les conséquences de ces actes qu'on vous a disposé à commettre pèseront particulièrement sur vous.

Mais, au moins, comprendrez-vous désormais de quelle grande nécessité il est que nous luttions ensemble avec tant d'autres afin de faire cesser cette ignorance profonde, seule cause de si douloureux effets ? Je le désire ardemment sans oser toutefois beaucoup l'espérer. Cependant, quelle que soit la doctrine que vous croyiez devoir professer à l'avenir, il ne me semble pas inutile d'insister encore un peu sur notre situation que nous envisagerons froidement maintenant, afin de nous persuader qu'elle est le fruit naturel de nos actes et que nous l'avons nous-mêmes créée par nos fautes, par nos très-grandes fautes.

Je crois devoir fixer de nouveau votre attention sur ce point, afin que vous puissiez, si vous le jugez convenable, vous abstenir d'en commettre de semblables si l'occasion vous en est offerte dans la suite.

*
* *

Je ne vous relaterai point, monsieur, comment ni par quelle autorisation Louis Bonaparte put revenir en France, ni comment il vient d'en sortir ; comment il monta sur le trône et comment il vient d'en descendre. Je ne vous redirai point à quoi ni à qui il dut l'honneur d'être porté à l'Assemblée nationale, ni comment l'Empire naquit, ni comment il vécut. Je n'ajouterai rien à ce que je vous ai dit du coup d'Etat et du plébiscite approbatif qui suivit. A ces différents égards, je me bornerai à vous faire observer qu'il y avait en cela une foule de dettes contractées par le peuple, la magistrature, le clergé, le pouvoir, envers l'humanité, la justice, le droit, la raison, et que ces sortes de dettes, comme toutes celles de nature commerciale, ont une échéance inévitable, à une date plus ou moins rapprochée. Ne vous semble-t-il pas que l'échéance de toutes ces dettes tombe juste en ce moment et que l'heure de la liquidation a sonné ?

Qui a fixé cette échéance ? Cette heure, qui l'a marquée ? Est-ce une puissance occulte ou simplement le hasard qui a décidé qu'il n'y avait plus d'atermoiements à attendre et que tout ce que l'on pourrait tenter pour retarder l'heure produirait un effet opposé ?

Ah ! c'est qu'il vient un temps où la science médicale ne peut plus rien pour prolonger la vie d'un moribond ! Ah ! c'est qu'il vient un temps aussi où la diplomatie, les plébiscites, les armées, sont impuissants à filer une nouvelle série de beaux jours pour un gouvernement monarchique dans la décrépitude !

Quand ces gouvernements en sont à leur quatrième lustre, on trouve qu'ils sont bien vieux, et cet âge avancé amène ordinairement des infirmités résultant d'excès ou d'abus quelconques qui les conduisent quelquefois rapidement au tombeau. N'en fut-il pas ainsi du gouvernement qui vient de trépasser ?

Après vingt années d'existence, et alors qu'on reconnaît la nécessité de faire d'urgentes réparations à cet édifice qui craque avant d'être couronné, qui se crevasse..., on a de nouveau recours à un plébiscite du genre d'un autre dont on avait pu apprécier autrefois les propriétés bienfaisantes.

Il est vrai que cette mixtion politico-ministérielle nous donna un résultat qui d'abord eut tout l'air d'un ciment de première qualité...; mais la joie fut de courte durée, et voyez un peu quelle ironie du sort !

Ces mêmes millions de *oui*, qui, en d'autres temps, avaient fondé l'Empire, qu'on sollicitait avec tant d'instance il y a quelques semaines, qu'on se réjouissait d'avoir obtenus et qu'on croyait être un élixir de longue vie, ces mêmes millions de *oui*, dis-je, au lieu d'être un spécifique souverain comme on s'y attendait, sont devenus, comme qui dirait une drogue, une potion *in extremis* que le gouvernement n'a pas eu la force de déglutiner ou qui lui est restée sur l'estomac. Et il en est mort, da!... Oui, ça l'a étouffé!

*
* *

C'est que, voyez-vous, monsieur, si l'union fait la force, on n'en pourrait pas toujours dire autant d'une majorité, quelque imposante qu'elle soit. Sept millions d'électeurs ne sont pas tout-puissants. J'ajoute même que leur faiblesse est extrême pour ceux qui voient la fatalité les bafouer et se faire en ce moment un jouet de leur volonté, non moins que de leur décision. En politique, c'est un cas assez fréquent qui donne à réfléchir, qui nous enseigne, qui nous rappelle, aujourd'hui une fois de plus, qu'il n'est pas toujours sage de compter ou de s'appuyer sur le nombre. En politique, comme en agriculture, on ne recueille toujours que ce que l'on a semé, et ce, selon les règles ordinaires de la production, dans une proportion qui peut varier de dix à cent grains, de dix à cent crimes pour un.

Pour vous, cela pourra vous être utile, mais pour moi ce cruel enseignement n'était pas nécessaire, je vous en assure, car je savais depuis longtemps où se trouve le véritable point d'appui que doivent rechercher les nations qui aspirent au bien-être et à la prospérité, que doivent rechercher de même les gouvernements qui tous ont à cœur de faire durer leur existence aussi longtemps que possible.

Aussi, ce n'est pas moi, c'est vous, monsieur, qui, par vos actes de mauvaise politique, avez contribué pour une petite part à soulever cette tempête formidable dans laquelle vient de sombrer l'Empire, à faire éclater et fondre sur la France cet orage effroyable qui semble devoir l'anéantir. Cela, en somme, n'est pas, peut-être, ce qui vous affecte le plus ; mais il est un être par vous jeté dans la tourmente, sur le sort duquel vous avez lieu de vous alarmer et qui vous fera songer aux suffrages que vous avez émis.

Oui, si le sort a voulu que votre fils finît ses jours à Sedan, est-ce que tous vos suffrages en général, qui ont préparé la guerre, et, en particulier, le dernier qui semble l'avoir allumée, ne seraient pas pour vous un sujet de remords et de regrets perpétuels? Ah ! combien d'enfants expient aujourd'hui par la mort, la torture ou la captivité, les fautes de leurs pères !...

Mais, assez sur ce chapitre !... Je vous ai parlé déjà, je crois, des fautes commises, je n'y reviendrai donc pas. Il suffit que vous en compreniez l'énormité pour mesurer la rigueur du châtiment qui nous attend, si, comme il est habituel, la rigueur de ce châtiment doit y être proportionnée. Ici, permettez-moi de regretter, monsieur, que chacun ne porte pas le poids de la peine qu'il a encourue et que vous puissiez, vous, fuir le danger que vous avez créé, tandis que celui qui n'y a en rien contribué, devra l'affronter au péril de ses jours. Maintenant, par un coup d'œil d'ensemble, si vous voulez savoir qui a failli à ses devoirs, voyez qui est frappé : le gouvernement, l'armée, le peuple, la magistrature, le clergé..... oui, le clergé, en ce qu'il perd aussi chaque jour un peu de son empire, par suite de l'attitude qu'il a prise quelquefois en égard à la politique, laquelle fut en parfaite contradiction avec celle qu'il doit garder constamment, d'après le rôle digne et modeste que le Christ lui a enseigné. En ce qui concerne particulièrement le monseigneur dont je vous ai parlé, lequel représentait en quelque sorte le clergé et parlait en son nom, combien je regrette d'ignorer ce qu'il est devenu, ce qu'on en a fait, quel est le lieu où se trouve le siége plus élevé qui lui fut attribué !

J'aurais désiré le suivre des yeux dans sa carrière épiscopale pour savoir comment il sortira lui de ce cataclysme révolutionnaire, dont il ne pourra non plus se laver les mains s'il songe qu'il embrassa, qu'il bénit, qu'il encensa un jour la cause d'où ce cataclysme tire son origine.

*
* *

Quelle dure leçon nous est donnée ! Saurons-nous du moins en tirer profit? Saurons-nous tenir compte de l'enseignement qu'elle comporte?.....

Tenez, monsieur, quelles que doivent être les rigueurs, les pertes irréparables que nous aurons à éprouver, j'aime à croire que ces événements ne seront pas absolument stériles. Oui, je me plais à voir dans ces événements quelque chose, une force irrésistible, qui, nous poussant avec violence vers le but auquel nous tendons, est moins faite pour nous châtier que pour nous instruire.

Car il y a deux méthodes bien distinctes et bien différentes d'instruire un peuple et de lui faire comprendre qu'il ne doit pas être étranger aux questions politiques et administratives de son pays. Si l'une est souvent impuissante, stérile, l'autre est toujours efficace, féconde. Celle-là, enseignant avec douceur, procède par écrits ou d'une manière orale, et ne cesse d'en appeler à la conscience, à la raison humaine. Celle-ci, au contraire, n'articule pas un mot : elle est muette : c'est en frappant les peuples qu'elle leur fait savoir qu'ils sont en retard et qu'il leur faut se hâter d'avancer.

La première méthode qui est certainement la plus convenable sous tous les rapports, et qui, conséquemment, devrait être suivie à l'exclusion de l'autre, est celle dont je me sers depuis une heure avec vous. Se fondant sur l'instruction, la morale, la justice, elle veut pour tout être humain la pleine et entière jouissance de ses libertés légitimes, qu'elle ne confond pas avec celles dites *nécessaires*. Les principes de cette méthode, enfin, se démontrent avec non moins de politesse que de courtoisie. Seulement, il est à regretter, je vous le répète, qu'elle ne soit pas toujours accueillie avec faveur bien qu'elle soit essentiellement gratuite.

L'autre méthode, qui coûte beaucoup par son application, repose sur le principe de la force brutale. Ses démonstrations se font à coups de canon et de baïonnette...

Si le mode d'enseignement, particulier à chacune de ces deux méthodes, est différent l'un de l'autre, il n'en est pas moins évident que le but qu'elles atteignent paraît être identique, et il est à remarquer, en outre, que la seconde dont on a une si grande horreur, en s'imposant quelquefois, se trouve toujours être la meilleure, si cette qualité toutefois peut correspondre à son efficacité.

Ainsi, cette majorité imposante d'électeurs qui, pendant vingt années, se refusèrent à croire, ou plutôt qui ne voulurent pas voir qu'il se commettait des fautes dont les suites étaient à redouter, et qui supposaient animés de mauvaises intentions ceux qui le leur disaient, commencent à s'en apercevoir depuis un mois à peine que l'artillerie prussienne roule sur le sol de la patrie, et tout porte à croire qu'ils s'en convaincront chaque jour davantage.

Tous ces électeurs triomphants qui souriaient de pitié en voyant dans un dépouillement de scrutin l'infime minorité des suffrages opposants, et qui détournaient dédaigneusement leurs regards quand des hommes dévoués tentaient de dissiper le nuage épais qui leur obscurcissait la vue, ou de soulever un coin du rideau afin de leur faire voir ce qu'il y avait derrière, ils se montrent inquiets aujourd'hui, avides d'entrevoir ce que leur cache ce rideau en plongeant leurs regards effarés dans les déchirures qu'y ont faites les projectiles de l'ennemi. Vous-même, chaque fois que je vous ai prévenu, selon les principes de cette méthode pacifique, que notre édifice gouvernemental péchait par sa base et qu'en France tout arbre dynastique était sec, vermoulu, vous m'avez ri au nez. Il n'a fallu rien moins, pour jeter un peu de doute et d'hésitation dans votre esprit, au lieu de démonstrations orales ou écrites, que des démonstrations matérielles, violentes, rigoureuses, cruelles, par suite desquelles vous pouvez voir maintenant l'édifice tombant en ruines et l'arbre dynastique en poussière.

*
* *

Ah ! si le choix m'en eût été donné, j'eusse préféré, à quelques millions de coups de feu, quelques millions de coups de triques équitablement répartis entre les électeurs de notre pays, tant à raison de leur dernier vote que de tous ceux qu'ils avaient émis antérieurement. Dans ce cas où il n'avait pas été possible de les instruire par des moyens plus doux, c'eût été de même la force brutale qui eût présidé à une si copieuse distribution. Ce n'eût pas été moins instructif, croyez-le bien ; ce l'eût été davantage, au contraire, attendu que chacun en aurait reçu sa quote-part : et puis, ils ne fussent pas morts de cela et ils s'en seraient souvenus plus longtemps. Mais de la manière dont vont s'arranger les choses, vous verrez que ceux à qui nous devons cette nouvelle invasion ne seront pas ceux qui en garderont le plus longtemps l'amer souvenir, ne seront pas ceux sur qui pèsera le plus l'obligation de payer les pots cassés ; vous verrez que ceux qui nous valent tous ces coups de canon et tous ces coups *d'aiguille* ne se présenteront pas pour les recevoir et pour y répondre.

*
* *

Quoi qu'il en soit, croyez avec moi, monsieur,

que l'instruction politique du peuple, laquelle marche de pair avec sa civilisation, se poursuivra, et d'autant plus d'après les principes de cette seconde méthode que nous ferons moins de progrès par la première. La rude leçon qui nous est donnée ne durera pas des années, je l'espère, et le plus grand avantage que nous en puissions tirer, c'est de ne jamais perdre de vue qu'elle est renouvelable. Oui, quand cette guerre sera finie et que la paix sera signée par exemple, les arsenaux épuisés se rempliront... Alors, si nous commettons assez de nouvelles fautes pour que le besoin d'une autre leçon se fasse sentir, il se pourrait faire qu'on nous envoyât derechef dans les reins, les boulets et les bombes que la paix, c'est-à-dire la *trêve*, y aura accumulés. Et ainsi de suite, jusqu'à ce que nous comprenions l'utilité de cette instruction politique et de quelle importance il est, pour tout citoyen, de savoir mieux agir et mieux raisonner en cette matière.

VII

Mais assez comme cela pour aujourd'hui, monsieur, je ne dois point oublier que je ne puis disposer de plus de temps avec vous et que de pressants devoirs m'appellent ailleurs.

Cependant, en vous remerciant de toute l'attention que vous avez témoignée jusqu'alors, je vous prie d'en donner encore quelques instants aux dernières observations qu'il me reste à vous faire, lesquelles vous seront plus directement consacrées. Ces observations, je les recommande, ainsi que celles qui ont précédé, à vos plus sages méditations, quand vous croirez devoir rechercher les moyens d'améliorer le sort et les sentiments de l'espèce humaine par la modification de notre système gouvernemental et administratif. J'aurais bien le désir de m'en tenir là, mais je m'aperçois que je n'ai pas rempli l'engagement que j'ai pris de vous dire quels sont les motifs vrais d'après lesquels vous avez répudié la République pour épouser une autre forme de gouvernement. En effet, je n'ai presque rien dit, à ce sujet.

Nous commencerons donc, si vous voulez, par voir ce qu'il y a de logique dans votre opinion, ou plutôt, dans votre *disposition* politique, relativement à la forme monarchique à laquelle vous vous montrez favorable aujourd'hui.

Voyons ! vous êtes opposé à un gouvernement républicain, vous, et votre opposition serait motivée par les raisons banales que je vous ai rappelées, et aussi, avant tout, par l'horreur que vous éprouvez pour les mesures violentes, sanglantes... Vous semblez craindre, il faut le dire en propres termes, notre retour à ce temps auquel l'action de la guillotine a laissé un terrible souvenir...

Je ne perdrai pas mon temps à vous rassurer sur ce point, sachez-le bien, et j'en perdrai d'autant moins que je sais parfaitement que ce n'est pas là le vrai motif de votre hostilité envers la République. Ce n'est qu'une raison d'emprunt que vous faites valoir à défaut d'autres plus sérieuses, afin de dissimuler sous cette apparence de crainte simulée, le motif véritable de votre antipathie qui, j'ose l'affirmer, se manifeste d'après des considérations d'un ordre tout différent.

Des personnes plus novices que moi dans l'art de pénétrer les secrets du cœur humain pourront croire à la sincérité de cet aveu dans lequel consiste, à peu près, tout ce que vous pouvez jeter à la face de ce gouvernement. A d'autres alors, monsieur.

***

Non; ce ne sont pas ces craintes de pure fantaisie qui vous ont inspiré la mauvaise opinion que vous vous en faites. Si vous persistiez d'ailleurs à renier la République à raison de ces faits, vos tendances monarchiques, remarquez-le bien, laisseraient supposer, — ce qui pourrait nuire à votre réputation d'homme sensé — qu'à la guillotine de la République qui fit justice sévère — très-sévère, hélas ! — des conspirateurs ennemis de notre pays, et frappa quelquefois — souvent même, je vous le concède — des innocents, vous préférez ces millions de chassepots et de dreyses, ces milliers de krupps et de mitrailleuses de la monarchie, actuellement braqués par Bonaparte contre le peuple allemand et par Guillaume contre la poitrine de votre enfant et de tous les enfants de la France. De quoi étaient-ils coupables, les martyrs du coup d'Etat de décembre? Ne sont-ils pas innocents aussi, ceux-là dont l'existence est comptée pour rien, et qui se ruent les uns sur les autres pour s'exterminer dans le but de favoriser les vûes ou de satisfaire les caprices, les convoitises de deux autocrates qui en ont ainsi décidé?

Après ce qu'il nous est donné de voir en ce moment, si vous persistez encore à désirer le rétablissement d'une monarchie quelconque en motivant par cette seule raison que vous avez fait connaître la préférence que vous donnez à ce système gouvernemental en concurrence avec cet autre, il ne me resterait plus qu'à vous prier de vouloir bien promener vos souvenirs sur le globe, depuis le Mexique jusqu'au Rhin, et au-delà, sur tous les champs de bataille enfin, où l'histoire pourra les attirer, et ce, afin que vous puissiez *vous rendre compte*, à quelques *millions* près, du nombre incalculable de victimes innocentes, aimées, que la mitraille a fauchées pour les plus futiles prétextes et pour le bon plaisir ou la plus grande gloire de quelques barbares despotes.

*
* *

Au reste, tenez, je ne veux pas vous faire poser plus longtemps, je vais vous dire en quelques mots le motif vrai, le motif unique de vos dispositions anti-républicaines. Ce motif, que j'ai deviné depuis longtemps, subsiste tout entier dans une question d'intérêt personnel. Oui, votre amour de la monarchie, lequel n'est au fond qu'un amour de la monnaie, repose uniquement sur cette question secondaire qui pour vous est devenue capitale ; car c'est d'un gouvernement monarchique que vous attendez — je ne sais ce qui peut vous y autoriser — les plus gros avantages pécuniaires devant lesquels malheureusement tous les autres s'effacent.

Je me suis affermi de plus en plus dans cette conviction à chaque fois que nous a été donnée l'occasion de nous entretenir ensemble des affaires publiques. Vous rappelez-vous ce jour entre autres, où notre causerie fut un peu plus animée qu'à l'ordinaire et où elle se prolongea aussi un peu plus que de coutume ?

Je me plaignis, ce jour-là, que nous manquions de justice, et les causes auxquelles je l'attribuai étaient qu'on la tenait à un prix exorbitant, inabordable pour la plupart de ceux qui en avaient besoin, et aussi parce qu'un trop grand nombre de magistrats, indignes de ce titre, ne se faisaient aucun scrupule de la sacrifier sur d'intimes recommandations ou à des sympathies individuelles, ce qu'ils pouvaient faire alors impunément.

Je vous parlai, ce même jour, d'un fonctionnaire de l'ordre judiciaire qui, après avoir failli d'une manière scandaleuse, avait été réintégré dans une charge plus importante d'une autre localité. Combien d'autres se sont trouvés déplacés pour des faits blâmables, qui ont dû à cela de l'avancement ou une augmentation de salaire !

Mais aussi, c'étaient des agents fidèles, actifs, sur lesquels le gouvernement pouvait compter quand il s'agissait, dans une élection, de faire passer le candidat de son cœur, ou bien quand il sentait la nécessité de s'étayer avec des millions de suffrages affirmatifs.

Je vous parlai de l'ignorance dans laquelle on semblait prendre à tâche de faire croupir le peuple en passant à l'ordre du jour sur la proposition relative à une subvention de quelques millions qui eussent été consacrés au développement de l'instruction publique. Et je vous montrai, par contre, comment on gaspillait de mille manières différentes les revenus de l'Etat, en même temps qu'on refusait d'en affecter une bien faible partie pour une si utile destination. Ah! l'instruction du peuple aurait coûté trop cher! Eh bien! le moment n'est pas éloigné où il nous sera donné de voir ce que coûte son ignorance.

Je vous parlai encore du népotisme et du favoritisme, c'est-à-dire de l'injuste protection dont on couvrait trop souvent, parmi les aspirants à tel ou tel emploi — au détriment de ceux doués d'un véritable mérite, et sans égards pour la bonne administration des affaires publiques — ceux qui, à défaut des capacités requises, même d'une réputation essentielle, n'avaient, pour y suppléer ou en tenir lieu, que la recommandation insuffisante d'un personnage plus ou moins honorable lui-même.

Enfin, je vous disais aussi que nous manquions de ces libertés sans lesquelles un grand peuple ne saurait exister aujourd'hui... Liberté de la presse, liberté de réunion, etc., etc., dans la mesure légitime.

A toutes mes réclamations qu'avez-vous répondu? Vous avez répondu ceci : « De quoi avons-nous à nous plaindre? Est-ce que le commerce ne va pas? Est-ce que l'ouvrier ne gagne pas de l'argent? Est-ce que nous n'en gagnons pas nous-mêmes? Qu'avons-nous à demander de plus, nous autres? Il faut que nous vivions tranquilles avant tout. Vous parlez de la liberté de la presse comme s'il n'y avait pas trop de journaux déjà. Plus heureux encore nous serions s'il n'y en avait aucun, surtout de ceux qui font une opposition systématique au gouvernement.

« Quant aux réunions publiques, elles ne peuvent que disposer les esprits au désordre... »

Voilà, monsieur, les arguments que vous m'opposiez. Selon vous, tout allait bien. Soit, je l'admets ; mais alors, qui a créé la situation présente ? Car enfin, tout s'est désorganisé, tout s'est décousu en quelques semaines, et ce n'est pas là l'effet ordinaire de premiers revers que puisse éprouver un pays comme le nôtre dont le génie, le patriotisme, le dévouement, enfin les ressources de toute nature, doivent être inépuisables.

Néanmoins, pour moi, cette horrible situation n'a rien qui m'étonne, soyez-en persuadé. Je savais que le colosse avait des pieds d'argile; je savais que rien ne consolidant cet édifice doré, il devait s'écrouler au premier choc, au premier coup de vent contraire.

Aussi bien que moi, vous auriez vu, monsieur, ces vices nombreux de construction gouvernementale, si l'ignorance, l'égoïsme, la cupidité, ne vous eussent aveuglé. Et c'est, notamment, cet excessif amour de vos intérêts qui éteint ainsi en vous toutes les nobles passions susceptibles de s'y allumer : l'amour du bien, de la justice, de la lumière, de la liberté, en un mot, tous ces nobles sentiments qui sont les plus beaux ornements de l'espèce humaine, et sans lesquels il ne serait pas permis à l'homme de se distinguer moralement du quadrupède ou du quadrumane.

***

« Peu vous importe, vous l'avez dit aussi, par qui vous soyez gouverné, pourvu que les affaires marchent bien. »

Réfléchissiez-vous, en vous exprimant ainsi, que les affaires ne vont bien qu'autant que le pays est bien gouverné, et qu'un pays ne peut être bien gouverné qu'à la condition que les électeurs sachent bien choisir les gouvernants ?

En cela encore il y avait en vous une absence totale de logique, laquelle me porte à croire que le seul mobile d'après lequel vous raisonnez ou agissez, est un composé d'or et d'argent.

***

De l'or ! de l'argent ! et coûte que coûte une stabilité gouvernementale qui vous permette d'en amasser ; voilà, il me semble, en quoi consiste votre politique, du fond extrême à la surface.

Cette théorie, monsieur, explique parfaitement la divergence qui a toujours brillé dans nos amicales discussions.

Cette théorie, trop professée par le peuple français, explique en même temps notre décadence incroyable, ainsi que nos revers militaires dont on chercherait en vain des précédents avec des rapports analogues, dans les fastes guerrières de l'Europe et peut-être du monde entier. Oui ! alors que j'eusse volontiers, moi, acheté un peu de cette liberté qui nous manquait, je vous ai toujours trouvé disposé à laisser confisquer, en considération du petit capital que vous possédez, ou à vendre pour le grossir, ce qu'on nous en avait laissé.

Mon cher monsieur, avec un tel raisonnement, avec des dispositions semblables, un pays n'acquiert pas de fortune, ni même de tranquillité, ce qu'il recherche avec le plus d'ardeur; mais il marche rapidement — nous en faisons en ce moment l'expérience — aux plus effroyables catastrophes.

Mettant à profit la leçon qui nous est donnée par les circonstances actuelles, lesquelles ne résultent que de notre conduite passée, tâchez de vous persuader que l'indifférence populaire, en matière politique, se pliant complaisamment aux vues étroites, aux désirs déréglés d'un gouvernement dont les efforts insensés tendent à généraliser par tous les moyens imaginables cette regrettable manifestation, est quelque chose comme un aimant dont les propriétés puissantes sont d'attirer la guerre, la mitraille, la foudre, et en même temps, la ruine, la désolation, la honte qui s'ensuivent d'une campagne désastreuse, car elle ne peut être autre pour ces peuples qui, peu à peu, finissent ainsi par perdre jusqu'au sentiment de la pudeur civique.

Réduits nous-mêmes à cet état de dégradation, vous pouvez voir, par ce que je vous ai dit, comment nous y sommes arrivés.

Hélas ! combien de gens auront à faire leur *mea culpa*.

***

Cependant, je suis loin de croire que tout soit perdu, bien que tout soit gravement compromis. J'aime à songer, au contraire, que nous pourrons encore nous tirer avec honneur de ce mauvais pas, et cela, grâce à ce que, malgré l'oppression qu'on exerça contre eux pendant vingt années, la France possède encore des hommes inconnus, dévoués, généreux, qui vont se lever, des hommes qui seront toujours prêts à se sacrifier pour défendre et sauver, s'il est possible, notre patrie menacée, des hommes auxquels la nature a donné les moyens et qui auront la volonté de nous faire triompher de cette situation périlleuse que vous nous avez faite, et vers laquelle je vous ai vu marcher avec confiance et le cœur joyeux, au mépris de leurs bienveillants avertissements.

Ah! si la nature, outragée du sort qui les attend, je veux dire de l'indigne persécution dont ils sont l'objet, cessait de produire de ces hommes de cœur, de ces hommes d'élite qui prennent autant de souci de l'honneur du pays et des affaires publiques que vous en prenez peu, nous retournerions bientôt, par la voie la plus directe et la plus rapide, à l'état de barbarie dont ils tendent constamment à nous éloigner. Oui! au sein des forêts envahissant nos champs fertiles, nous redresserions avant peu nos pierres druidiques.....

Mais ces hommes ne nous manqueront pas... non... je le sais.

Cependant, je ne me sens pas rassuré quand je me demande si leur petit nombre pourra suffire à la tâche...

Hélas! comment seront-ils secondés?...

Et ces hommes seront-ils ceux précisément, à l'exclusion de tous autres, qui, investis du pouvoir exécutif, vont avoir entre les mains, en ce moment de suprême danger, les rênes de l'Etat, ces rênes si mal tenues pendant trop longtemps, et finalement abandonnées par un conducteur dont l'impéritie égale l'imprudence et la..... valeur?

C'est ce que nous dira sans doute un avenir assez rapproché!

*
* *

Mais, quoi qu'il advienne, la corruption ne saurait jamais gagner tous les membres d'une société qui se compose de trente-huit millions d'âmes. Quelques parties resteront saines. Oui, il y aura toujours parmi nous des hommes amis de la justice et du devoir, dont vous saurez un jour mieux apprécier le mérite et respecter les convictions, des hommes qui,— la France dût-elle mourir démembrée de ce choc, — trouveraient les moyens de la reconstituer et de la faire revivre.

*
* *

Quoi ! après vingt années de monarchie absolue — et alors que vous trouvez vous-même que la France a besoin d'être régénérée — c'est d'une nouvelle monarchie que vous attendriez cette régénération !! Dans ce cas, mon cher monsieur, j'ose vous dire que nous attendrions longtemps.

Sortez plutôt de ce cercle vicieux dans lequel on se meut difficilement, dans lequel nous tournerions encore pendant des siècles, comme des écureuils dans une cage, sans jamais arriver à un résultat satisfaisant.

Aujourd'hui qu'il s'agit de marcher pour de bon, la monarchie, soyez-en convaincu, ne saurait nous donner à cet égard qu'une satisfaction illusoire. C'est de principes différents, particuliers à un autre régime que celui auquel elle reprochera éternellement sa présente décadence auquel elle doit d'être si bas descendue, que la France doit attendre la faveur de se placer, parmi les peuples, à un rang plus élevé que celui qu'elle y a jamais occupé.

Oui, c'est à un nouveau régime, en un mot, c'est à la République que nous devrons notre régénération véritable, parce que cette régénération ne peut s'opérer que par une application effective de cette sublime devise qu'elle ne craint pas d'afficher, au lieu que les différentes monarchies que nous connaissons, gouvernant dans un sens tout à fait opposé, se sont constamment appliqués à la détruire, non-seulement dans les formes sous lesquelles elle s'offre à la vue, mais aussi en la dénaturant au mépris de l'humanité qui l'a conçue.

Seule, la pratique de la *liberté*, de *l'égalité*, de la *fraternité*, améliorant nos sentiments pervertis, réveillant, développant notre intelligence endormie, atrophiée, peut avoir raison de cette épidémie, née d'un principe arbitraire, exclusif, qui, depuis dix-huit années plus que jamais, rongeant, frappant en nous le cœur et l'esprit, se paie aujourd'hui d'un si large tribut de victimes.

Qui ne juge, après quelques instants de sage réflexion, que le régime républicain est le seul qu'il soit désormais possible d'établir, et sur lequel on puisse fonder l'espoir d'une existence durable.

Voyons, est-ce que le nombre des adhérents à la forme républicaine ne s'est pas toujours accru, malgré les petites taquineries auxquelles ils sont en butte, malgré les rigueurs dont on a usé à leur égard après chaque insuccès, quand un déplorable entraînement leur avait mis les armes à la main ?

Malgré les pertes considérables qu'ils ont éprouvées, malgré les larges trouées faites dans leurs rangs, il est de fait que les républicains croissent, multiplient et pullulent de plus en plus parmi nous. C'est à croire qu'il en naît trois pour chacun de ceux qui doivent subir la peine de mort ou de la déportation. D'ailleurs, les monarchistes semblent l'avoir compris aussi, car, ne voyez-vous pas que ceux qui briguent l'honneur de représenter le peuple, ne trouvent rien de mieux à faire, pour y parvenir, que de se présenter à lui, sous les auspices d'une profession de foi dans laquelle ils rendent hommage à la République, préconisent la liberté, protestent de leur attachement aux institutions libérales et aux principes de 89.

Tout en cela prouve jusqu'à l'évidence que les gouvernements monarchiques qui n'existent plus, depuis cette époque, que d'une manière intermittente, après s'être succédé pendant de nombreux siècles sans interruption, ne sauraient être désormais pour la France que des gouvernements provisoires dont l'existence débile et accidentelle ne s'achète plus que par surprise.

*
* *

Incontestablement, le peuple français a des tendances républicaines qui s'affirment chaque jour davantage, et, selon moi, tout contribue à lui donner satisfaction sur ce point.

Car, voyons : qui lui a mis cette idée de République à la tête si ce n'est le régime monarchique lui-même ?

Oui, est-ce que ce régime, par les fautes qu'il a commises, n'a pas plaidé de la manière la plus éloquente la cause de la République ? Est-ce qu'il n'a pas contribué à son avénement définitif dans une mesure beaucoup plus large que ne l'ont fait les vœux et les efforts combinés de ceux qui en furent les partisans déclarés ?

Et surtout, notez bien, monsieur, qu'en tout ce que je vous ai dit jusqu'alors, j'ai eu garde de me poser en défenseur prédisposé de la forme gouvernementale républicaine, bien que depuis longtemps je la considérai, à la vérité, comme étant celle qui fût assurée de triompher un jour. En tout cela, je me suis borné, ainsi que l'eût fait un spectateur désintéressé, à vous signaler les faits principaux de la politique contemporaine, à en constater le mérite ou les inconvénients, les défauts ou les vices ; à en apprécier les résultats bons ou mauvais, enfin à en déduire les conséquences probables plus ou moins satisfaisantes qui pourraient en découler.

*
* *

Tenez ! je ne doute pas, monsieur, que vous n'ayez entendu dire nombre de fois qu'il existe en plusieurs endroits du globe un certain nombre de volcans qui, après avoir paru sommeiller pendant un laps de temps plus ou moins prolongé dans les profondeurs de la terre, s'irritent tout à coup, et, par des éruptions d'une périodicité irrégulière, sèment l'effroi parmi les habitants des contrées environnantes... Par suite de ces éruptions, des villes entières disparurent et sont encore ensevelies aujourd'hui, dit-on, sous une épaisse couche de lave, de cendres, de pierres calcinées, de matières de toutes sortes, qu'une puissance extraordinaire de projection a lancées par leurs cratères.

Quand ces volcans, après s'être épuisés, s'apaisent, ou plutôt quand la paix semble faite à l'intérieur, que l'ordre y paraît rétabli, les populations voisines ne sont qu'à moitié rassurées, car elles savent, car elles sentent qu'une explosion de nouvelles fureurs se prépare en silence, qui, à un moment donné, sèmeront de nouveau l'épouvante et la consternation.

⁂

S'il faut en croire la géologie, cette perturbation proviendrait d'une simple mêlée entre le feu et l'eau!...

S'il en est ainsi — il serait assez difficile, d'ailleurs, d'expliquer autrement ce phénomène de la nature — vous voyez le danger qu'il y a de mettre en contact des éléments inconciliables, incompatibles.

⁂

Eh bien, monsieur! dans une puissance quelconque, — prenons la nôtre si vous voulez — nous avons du point de vue politique l'image exactement reproduite de ces volcans.

Nos guerres internationales, nos révolutions, en représentent les éruptions périodiques, lesquelles sont également suivies d'une accalmie intermédiaire.

Par exemple, quand, après avoir passé par de nouvelles convulsions, il nous semble que la tranquillité va renaître, ne savons-nous pas aussi que ce ne sera qu'une tranquillité passagère, mensongère, au fond bien moins réelle qu'apparente? En effet, à cet accès de furie humaine qui se lasse ou s'apaise, mais qui n'est jamais complétement éteinte, succèdent quelques années de calme relatif pendant lesquelles couve un nouvel accès sous l'influence de certains motifs d'irritation qui avaient été noyés dans un autre liquide, il est vrai, mais qui n'avaient point, pour cela, cessé d'exister.

*
* *

Savez-vous, monsieur, d'où provient cet état de malaise permanent et de sanglantes intermittences dans lequel nous nous trouvons et d'où nous devons avec ardeur chercher les moyens de sortir? Savez-vous d'où naissent ces causes d'alarmes internationales et de guerre fratricide que se font diverses fractions de l'espèce humaine? Eh bien! tout cela provient de ce que, parmi nous, c'est, au lieu du feu et de l'eau, le progrès et la réaction qui sont aux prises, la liberté contre la servitude, la vérité contre l'erreur, la justice contre l'injustice, le bien contre le mal, l'instruction contre l'ignorance, la civilisation contre la barbarie, l'avenir contre le passé...

Oui, soyez-en persuadé, ce n'est que parce que de nombreuses contestations s'élèvent à chaque instant, à chaque pas, au milieu de nous, entre les personnes qui sont en opposition constante au sujet de ces différents principes, que nous n'avons jamais autre chose, après chaque nouvelle crise, qu'un repos provisoire, plus ou moins agité, toujours inquiet, après quoi les hommes redeviennent, d'une manière alternative, des *marmots*... sur lesquels s'exercent l'artillerie et la mousqueterie, quand une éruption se produit qui vomit sur eux la mort et la désolation, non par un simple cratère de granit, mais par dix mille cratères de bronze.

* * *

Toutefois, entre ces volcans de l'un et l'autre genre, il existe une différence notable qu'il est peut-être bon de signaler : Il est à remarquer, par exemple, que, si nous ne pouvons rien en présence des premiers, nous ne serions pas impuissants à éteindre les seconds. Quant à ceux-là, on comprend très-bien l'impossibilité d'y rien changer, mais en égard à ceux-ci, nous trouverons qu'il n'en serait pas ainsi, c'est-à-dire que de légers efforts ne seraient pas infructueux si chacun voulait y contribuer après s'être rendu compte de ce qui les constitue, les entretient ou les alimente.....

Au milieu d'une nuit noire, je vois sur la surface d'une mer en courroux flotter un vaisseau désemparé, battu par l'orage. La gigante, une figure de femme, représente la France !

Percée au flanc, elle erre à l'aventure ! une tempête furieuse menace de l'engloutir à chaque instant ! Qu'adviendra-t-il ? Hélas ! les pilotes sont endormis ! les fanaux sont éteints !! Et le capitaine? — Frappé de stupeur, il a abandonné son poste !...

*
* *

De la barbarie, d'où nous sommes partis, à la civilisation où nous voulons arriver, la distance est donc bien grande puisque nous ne l'avons pas encore franchie depuis tant de siècles que nous marchons? Non ! la distance n'est pas aussi grande qu'on pourrait le supposer, et si nous ne sommes pas arrivés depuis longtemps, c'est que nous avons dû marcher avec une lenteur extrême, avec cette lenteur à laquelle nous obligent les obstacles de toute nature qu'on se plaît à dresser sur le passage, obstacles quelquefois formidables, dont il faut faire souvent un long siége et qu'il faut aussi quelquefois emporter d'assaut. Quoi qu'il en soit. si nous voulons juger de la distance parcourue d'après notre situation actuelle, nous pouvons très bien supposer, sans risquer de nous tromper de beaucoup, que nous sommes arrivés..., à moitié chemin ! oui ! à moitié chemin.

Hâtons-nous donc, je vous en conjure. Pour marcher vite, il y a peu de chose à faire : il suffit d'en reconnaître le besoin, d'en exprimer hautement le désir, et de comprendre combien nous avons à souffrir du retard qu'on nous fait éprouver, ce qui est justement ce que l'on ne comprend pas assez.

A quoi bon hésiter ? Est-ce que le bien-être général ne s'est pas toujours accru dans la proportion des progrès en tous genres qui se sont accomplis ?

Alors, marchons ! ce bien-être laissant encore beaucoup à désirer, nous devons en inférer qu'il nous reste à faire de nouvelles découvertes industrielles et à user de nouveaux principes politiques et administratifs dont le fonctionnement serait à l'avantage de tous.

⁂

J'applaudis aux efforts du père de famille travaillant sans relâche pendant un demi-siècle afin d'augmenter le patrimoine qu'il espère laisser à ses enfants ; mais la sollicitude paternelle doit-elle s'arrêter là ? Assurément, non ! car, sachez-le, il est un bien non moins précieux qu'il pourrait également leur acquérir sans se donner la moindre peine, et ce bien, ce serait de faire en sorte de leur instituer un bon gouvernement.

Pour en arriver là, rien n'est plus facile : ouvrez les yeux à la lumière d'abord, il en est toujours temps; et, contrairement à ce que vous avez fait par le passé, votez à l'avenir selon votre conscience, c'est-à-dire en faveur de la justice, de la vérité, du progrès, de la civilisation, de l'instruction, de la liberté, vous n'aurez jamais lieu de vous en repentir. Reconnaissez que nos discordes civiles ou internationales proviennent de cette lutte incessante que soutiennent depuis l'origine des siècles ces grands principes qui, pour s'affirmer, régner, s'établir, doivent triompher partout d'influences contraires, aveugles ou intéressées.

Il n'y a pas de compromis possible plus que de trêve à espérer, cela détruira ceci ou ceci détruira cela. C'est un conflit dans lequel il est de notre droit, non moins que de notre devoir, d'intervenir, attendu que tout ce qui nous appartient est en jeu et que tous ceux que nous affectionnons peuvent s'y trouver engagés et y périr. Au reste, l'histoire en nous rappelant jusqu'à quelles extrémités se sont portés les partis dans leur exaspération, doit nous faire craindre pour l'avenir. Il n'y a aucun temps à perdre, je vous le dis, mais, secouant avec force cette apathique insouciance, il nous faut au contraire pour le salut de tous, déployer beaucoup de vigilance et d'activité politiques.

***

Je suis du nombre de ceux auxquels le seul mot de République donne à espérer, mais je ne suis point de ceux qu'il satisfait.

Le gouvernement impérial n'existe plus ; la République lui succède : c'est bien, mais ce n'est pas suffisant. C'est par là qu'il fallait commencer, en effet, mais il reste tant à faire !...

Je ne suis point complétement rassuré, je vous le répète ; je crains des tempêtes ultérieures...

Cependant, ces tempêtes, si elles nous sont réservées, nous pourrons les braver et arriver promptement au port si nous ne nous endormons plus, si nous ne nous abandonnons plus au gré des caprices humains, je veux dire : si, — nous pénétrant de cette vérité : que la situation d'un peuple devient menaçante et grosse de dangers, que l'abîme s'ouvre et se creuse à mesure que l'ignorance, l'égoïsme, l'indifférence populaires laissent sans protection ces grands principes à la merci de ceux qui en font un épouvantail, — nous nous acquittons mieux à l'avenir du devoir de les défendre et de les faire respecter.

* * *

Alors, restant, moi, ce que j'ai toujours été, vous redeviendrez, vous, sans aucun doute, un ami désormais fidèle de cette précieuse liberté que vous semblez avoir en si grande horreur, et qui, croyez-le bien, est aussi nécessaire à notre existence que l'air que nous respirons.

Enfin, en terminant, laissez-moi espérer, monsieur, qu'après avoir été vous-même depuis un demi-siècle, tantôt témoin, tantôt victime des mensonges, des abus, des injustices qui ont pu faire trop librement leur chemin dans le monde à la faveur des ténèbres épaisses dont on s'est plu à l'environner, à la faveur des entraves de toutes sortes, des mesures préventives de toute nature auxquelles on a eu recours pour l'y maintenir, vous vous apercevrez que cette liberté, ennemie acharnée, ennemie mortelle des ténèbres, est bien faite pour nous mettre en possession d'un flambeau de vérité sans lequel il nous serait impossible d'accomplir, comme ils doivent l'être, nos devoirs politiques et sociaux, et à la lumière duquel ces mensonges, ces abus, ces injustices, ces intrigues, ne sauraient exister, à la lumière duquel ils iront d'eux-mêmes, comme à la flamme d'une bougie les papillons du soir, se roussir les ailes, se rôtir les pattes !!

C'est la grâce que je vous souhaite.

Au nom de la liberté, de l'égalité et de la fraternité.

Ainsi soit-il.

— *Ainsi soit-il*, répéta à demi-voix en souriant, notre auditeur, dont l'attitude constamment attentive et silencieuse témoignait qu'il n'avait pas laissé échapper un mot de ce qui fut dit.

— *Ainsi soit-il*, pensa votre serviteur qui, aussi fidèlement que le lui permit sa faible connaissance de la science sténographique, crayonna ce qui précède pour vous en faire hommage, mon cher lecteur.

Il me reste à ajouter que, aussitôt après ce dernier échange de mots, nos deux personnages se levèrent pour gagner le milieu de la route où, avant de se séparer, j'eus la satisfaction de les voir se serrer la main d'une manière affectueuse, ce qui me fit croire qu'ils ne cesseraient pas d'être amis, et qu'il s'en fallait de bien peu qu'ils ne fussent parfaitement d'accord.

Quant à moi, ayant recueilli au Pla-tru les nouvelles que j'allais chercher à Mellentum, je compris alors qu'il ne me restait plus qu'à rétrograder, à battre en retraite, à laisser à l'ennemi cette place qu'il devait occuper quelques jours plus tard !! C'est ce que je fis, mais non sans songer que ces nouvelles attristantes, bien qu'elles différassent beaucoup de celles que j'espérais rapporter, étaient néanmoins du genre de celles auxquelles je m'attendais depuis longtemps et qui ne pouvaient manquer de nous arriver, tôt ou tard, par suite des faits et gestes de cette espèce de gouvernement qui venait de tomber.

L. A.....

FIN

Paris-Vaugirard. — Typ. N. Blanpain, rue Jeanne, 7.

www.ingramcontent.com/pod-product-compliance
Ingram Content Group UK Ltd.
Pitfield, Milton Keynes, MK11 3LW, UK
UKHW012025240726
13965UKWH00002B/575

9 782013 243032